HEIKO KIENBAUM, LARS CHRISTIANSEN

Was Paare glücklich macht

GOLDMANN
Lesen erleben

Buch

Wer möchte nicht Teil eines glücklichen Paares sein? Doch wie führt man eine erfüllende Beziehung – und was kann jeder selbst dazu beitragen? Was ist Liebe überhaupt? Was macht ein gutes Paar aus? Wie lassen sich ungesunde Muster vermeiden? Und vor allem: Was tun, wenn die Partnerschaft ins Stocken geraten ist? Heiko Kienbaum weiß, was es für eine glückliche Beziehung braucht. Denn der studierte Theologe und Paarcoach begleitet als sogenannter Pastor2Go oder »Geistlicher zum Mitnehmen« jedes Jahr viele Paare auf dem Weg in die Ehe. Mithilfe seines reichen Erfahrungsschatzes entschlüsselt er nun die zehn Geheimnisse der Liebe. Der inspirierende und authentische Begleiter für alle, die auf der Suche nach ihrem ganz persönlichen Liebesglück sind!

Autoren

Heiko Kienbaum, geboren 1981 in Köln, war mit Mitte zwanzig Vermögensmillionär in der Immobilienbranche. Doch dann verlor er alles und wurde vom Saulus zum Paulus: Nach einem abgeschlossenen Studium der Theologie traut er heute als Pastor2Go – als »Geistlicher zum Mitnehmen« – jedes Jahr viele Paare und bereitet sie auf die Ehe vor. Zudem studiert er Psychologie und arbeitet als Paarcoach. Heiko Kienbaum lebt mit seiner Familie in Berlin.

Lars Christiansen, geboren 1975 in Hamburg, ist freier Autor und Journalist. Zunächst war er für verschiedene Verlage tätig, seit 2010 ist er mit seinem Redaktionsbüro »Lieblingswort« in Berlin selbstständig.

Heiko Kienbaum
Lars Christiansen

WAS Paare glücklich *macht*

Die 10 Geheimnisse der Liebe vom Pastor2Go

GOLDMANN

Alle Ratschläge in diesem Buch wurden von den Autoren
und vom Verlag sorgfältig erwogen und geprüft.
Eine Garantie kann dennoch nicht übernommen werden.
Eine Haftung der Autoren beziehungsweise des Verlags und
seiner Beauftragten für Personen-, Sach- und Vermögensschäden
ist daher ausgeschlossen.

Sollte diese Publikation Links auf Webseiten Dritter enthalten,
so übernehmen wir für deren Inhalte keine Haftung,
da wir uns diese nicht zu eigen machen, sondern lediglich
auf deren Stand zum Zeitpunkt der Erstveröffentlichung verweisen.

Verlagsgruppe Random House FSC® N001967

 Dieses Buch ist auch als E-Book erhältlich.

1. Auflage
Originalausgabe Februar 2020
Copyright © 2020: Wilhelm Goldmann Verlag, München,
in der Verlagsgruppe Random House GmbH,
Neumarkter Str. 28, 81673 München
Umschlag: Uno Werbeagentur, München
Umschlagmotiv: FinePic®, München
Autorenfoto: Sandra Janzen
Redaktion: Birthe Vogelmann
Satz: Satzwerk Huber, Germering
Druck und Bindung: GGP Media GmbH, Pößneck
Printed in Germany
KW · Herstellung: CB
ISBN 978-3-442-17840-7
www.goldmann-verlag.de

Besuchen Sie den Goldmann Verlag im Netz

Inhalt

Liebesgeheimnis 4:
Rückschnitt ist kein Rückschritt   111

Liebesgeheimnis 5:
Entdecke das Einfache   139

Liebesgeheimnis 6:
Ordne den Rucksack deines Lebens 169

Liebesgeheimnis 7:
Der richtige Umgang mit Geld 195

Liebesgeheimnis 8:
Entwickelt Visionen als Paar und erkennt Chancen

Liebesgeheimnis 9:
Überlege, was dir deine Liebe wert ist

Liebesgeheimnis 10:
Du sollst nicht töten

Das Beste kommt zum Schluss

Auftakt

Der Titel »Was Paare glücklich macht« ist ein Versprechen. Denn wollen wir das nicht alle – glücklich sein mit der großen Liebe? Das Problem: Wunsch und Wirklichkeit sind oft so weit voneinander entfernt wie Klimaschutz und SUVs.

Das Versprechen, mit diesem Buch Paare glücklich zu machen, halte ich. Und sage doch: Es ist kein Rezeptbuch für die Liebe. Weil es für die Liebe kein allgemeingültiges Rezept gibt. Dieses Buch ist eher wie eine Hello-Fresh-Box für Beziehungen: vertraute Zutaten, aber neu gemixt und leicht anzuwenden, damit die Liebe überraschend bleibt, frisch und abwechslungsreich.

Mein Name ist Heiko Kienbaum, ich bin Pastor2Go und bereite viele Männer und Frauen auf die Ehe vor, also auf eine auf Dauer angelegte Beziehung. Aber ob du heiraten willst oder nicht, spielt für dieses Buch keine Rolle. Hier geht es darum, was du tun kannst – für dich und deinen Lieblingsmenschen und für euch als Paar –, um eine Beziehung auf Augenhöhe zu führen, damit sie tragfähig ist für die Zukunft. Eine Zukunft, in der sich beide Partner bestmöglich entwickeln und dauerhaft wachsen.

Das Buch ist aber nicht nur für diejenigen gedacht, die ihren Partner schon gefunden haben. Es ist genauso für jene, die gerade eine Beziehung hinter sich haben und über die Gründe für deren Scheitern nachdenken wollen. Und feststellen möchten, was eventuell schiefgelaufen ist, was bei der nächsten Liebe besser werden soll, was sie selbst dafür tun können und woran man eine gute Beziehung erkennt.

Ich bin Theologe und angehender Psychologe, kenne mich also mit dem Glauben und der Psyche gleichermaßen aus. Im Laufe der Jahre habe ich viele Ratgeber gelesen und sah immer wieder: Die meisten dieser Werke haben ein Problem – sie nehmen dich mit in dem Moment, wo du sie liest – und hören auf zu wirken, sobald du sie aus der Hand legst. Sie entfalten ihre Wirkung nicht nachhaltig, sondern sind auf kurzfristigen Konsum, die schnelle Heilung oder Lösung eines bestimmten Problems angelegt. Deshalb räumst du sie nach dem Lesen ins Regal und stellst fest: Das Leben hat sich doch nicht geändert, es ist alles beim Alten geblieben. Frustrierend.

Mein Wunsch ist, dass es bei diesem Buch anders ist. Dafür brauche ich deine Hilfe, denn du sollst es nicht nur lesen, sondern auch anwenden. Nach jedem Kapitel habe ich Übungen vorbereitet, es wäre schön, wenn du sie ausprobierst. Nicht alle zur gleichen Zeit, sondern immer mal wieder eine. Denn auch das ist eine wichtige Botschaft dieses Buches: Nimm dir nicht zu viel vor. Mach lieber kleine Schritte und feiere jeden kleinen Erfolg.

In meinen Ehevorbereitungsgesprächen vergleiche ich das Leben oft mit einem Computer, auf dem viele Programme installiert sind. Du siehst den Desktop und denkst, du hast den Überblick, du hast alles im Griff. Aber das stimmt gar nicht. Warum? Du musst nicht auf den Desktop schauen, sondern den Taskmanager öffnen, um einen vollkommenen Blick in dein inneres System zu bekommen. Nur hier, im Kern, erkennst du, was bei dir alles im Hintergrund läuft, was du im oberflächlichen Desktop-Betrieb gar nicht siehst. Dieses Buch wird dich in die Lage versetzen, die bei dir im Hintergrund laufenden, unsichtbaren Programme und Prozesse zu identifizieren und gegebenenfalls zu beenden.

Das Buch entschlüsselt anhand vieler Beispiele das Wesen der Liebe. Es beantwortet die Fragen: Was ist Liebe überhaupt? Was bedeutet sie? Was macht ein gutes Paar aus – und was muss der Einzelne für Voraussetzungen mitbringen? Wie kann man ungesunde Muster vermeiden? Was tun, wenn die Beziehung ins Stocken geraten ist? Immer wieder sind im Text Beispiele von verschiedensten Menschen eingebunden. Die Geschichten und Personen sind verfremdet. Mir geht es um den Kern der

Erzählungen, denn wir lernen am besten am Modell, an Vorbildern, deshalb habe ich diese Form benutzt.

Bereite dich darauf vor, dass dieses Buch auch ein bisschen nervenaufreibend werden kann, du musst über dich nachdenken. Aber anstrengend muss ja nicht schlecht sein. Denn wessen Persönlichkeit wurde schon im Auenland geformt, wo alles schön ist und rundum für einen gesorgt wird? Viel eher ist es wie in *Herr der Ringe* die Reise ins abgründige Mordor, die dich prägt und weiterbringt.

So war es auch bei mir. Ich war nämlich nicht immer Pastor und bin nicht seit ewigen Zeiten als Geistlicher unterwegs. In einem »früheren Leben«, das noch gar nicht so lange her ist, ein paar Jahre nur, brachte ich es in der Immobilienbranche zu viel Geld. Jedes Jahr verdiente ich mehr, jedes Jahr wurden meine Autos größer. Ich war Vermögensmillionär und plante den Bau eines Whirlpools auf meiner Bonner Dachterrasse, von der aus ich die Spitzen des Kölner Doms sehen konnte. Man konnte mit Fug und Recht behaupten: Ich hatte es geschafft. Ich war jung, Anfang 30, schwamm im Geld und (fast) im Pool. Jeden Morgen stieg ich in einen klimatisierten SUV, aus dem ich die Welt abgeschirmt an mir vorbeiziehen sah.

Das Problem war nur: Unbewusst hatte ich mir immer die Frage gestellt, ob das so richtig war, was ich da tat mit den Immobiliengeschäften, die zwar legal, aber moralisch höchst fragwürdig waren. Ich hatte zu der Zeit zwar einen Glauben (und hatte auch das theoretische Wissen durch mein berufsbegleitendes Studium der Theologie), in meinem täglichen Leben – in meinem Business, in meiner Ehe – spielte er jedoch (noch) keine Rolle. Ich konnte sonntags in die Kirche gehen und montags Mieter vor die Tür setzen, um eine Wohnung besser verkaufen zu können. Das war scheinbar okay.

In mir war aber eine Sehnsucht nach mehr, die immer stärker wurde. Und eines Tages sprach ich ein Gebet, das sich lange aufgedrängt hatte, vor dem ich aber auch Angst hatte. Ich betete für mehr Tiefe in meinem Leben. Ich betete um Erkenntnis. Die dann auch kam. Quasi über Nacht und anders, als ich es mir vorgestellt hatte: In den nächsten Wochen und Monaten klappte kein Geschäftsabschluss mehr. Deals, die schon eingefädelt waren, platzten. Kein Mieter wollte mehr ausziehen, damit ich dessen Wohnung anschließend gewinnbringend verkaufen konnte.

Ich stürzte (ziemlich schnell) ab und befand mich auf meinem ganz persönlichen Weg nach Mordor. Das Auenland sah ich erst wieder, als ich mich entschied, meinen überkandidelten X5 der Leasinggesellschaft wieder vor die Tür zu stellen. Als ich mich entschloss, alle meine Firmen abzuwickeln. In Frieden. Als ich mich für ein anderes Leben entschied, in dem ich mir noch einen Lebenstraum erfüllte: das Studium der Psychologie.

Weißt du übrigens, woran die meisten Ehen in Deutschland scheitern? Am Geld. Meins hatte ich verloren. Auch meinen Status. Und wer ist heute immer noch da? Meine Frau. Mit meinen drei Kindern. Woran das liegt und wie wir unsere Liebe füreinander frisch halten, auch davon erzähle ich in diesem Buch.

Mach deinen Partner groß

»Mach deinen Partner groß.« Neben der Frage »Willst du diesen Mann oder diese Frau heiraten?« ist das mein wohl am meisten verwendeter Satz, bevor ich Paare traue oder es sich im Gespräch darum dreht, was eigentlich die Aufgabe im Leben oder in einer Beziehung ist. Ich sage dann: »Mach dein Gegenüber groß.« Aber was meint das eigentlich, jemanden groß machen – und wie geht das?

Das Bild, Menschen groß zu machen, kommt aus unserer Erziehung. Erinnerst du dich: Wenn deine Mutter oder dein Vater mit stolzem Blick auf dich zukam und sagte: »Das hast du großartig gemacht«, da bist du als Kind vor Glück im Kreis gesprungen. Es gibt am Beginn des Lebens kein größeres Bestreben, als der Mutter oder dem Vater zu gefallen. Die meisten Kinder würden dafür alles tun. Dieser ursprüngliche Wunsch nach Anerkennung und Wachstum (das ist wichtig) ist uns bis heute geblieben. Er ist nur meistens falsch belegt. Oft hört man dann: Der oder diejenige heischt nur nach Anerkennung. Das klingt negativ und ist, wenn wir ehrlich sind, auch so gemeint. Als wäre es etwas Schlechtes, anerkannt sein zu wollen oder nach Annahme zu streben. Das Gegenteil ist richtig: Es ist total gesund, Anerkennung zu bekommen. Ich darf mich nicht über Anerkennung definieren, aber sie ist gesund.

Es gibt ein Buch, das heißt *Heirate dich selbst: Wie radikale Selbstliebe unser Leben verändert*. Der Titel verspricht, die Menschen würden glücklicher, wenn sie sich selbst bloß radikal genug lieben würden. Ich halte das für Quatsch. Man selbst wird nur dann glücklicher, wenn man seinen Partner radikal liebt. Bedingungslos.

Dein Lebensgefährte wünscht sich von dir also maximale Anerkennung (auch wenn er das vielleicht nicht so formulieren würde). Ihn groß zu machen bedeutet, ihn zu etwas, das er sich wünscht, aber noch nicht realisiert hat, zu ermutigen. Zu erbauen. An das zu glauben, was man zwar noch nicht anfassen kann, das aber in den Träumen und Wünschen deines Partners schon lebendig ist.

Matthias und Stefanie haben gemeinsam schon einen viel beachteten Roman geschrieben und arbeiten unermüdlich an einem Nachfolger. Das Problem ist: Sie sind oft kurz davor, eine Idee realisieren zu können, aber ein Verlag lässt sich letzten Endes nicht finden. Zu je-

dem Treffen mit Freunden kommt immer nur einer der beiden, auch an den Wochenenden, der andere arbeitet weiter an ihrem Traum. Stefanie überlegt, vielleicht doch einen »normalen« Job anzunehmen, der sie zwar nicht glücklich machen, aber sie über Wasser halten würde. Und was sagt Matthias? »Mach bitte weiter, du schreibst so toll.« Auch er entscheidet sich gegen eine Arbeit in einer Redaktion. Sie wollen eigene Ideen verwirklichen. Und sie bestärkt ihn darin. »Wir machen weiter«, bestätigt sie. »Es wird klappen irgendwann.« Das tut es schließlich auch. Es findet sich ein Literaturagent, der an eine ihrer Ideen glaubt. Ein Jahr später veröffentlichen sie wieder ein Buch.

Das Beispiel von Matthias und Stefanie zeigt uns: Es klappt. Der Glaube an den anderen kann Berge versetzen. Es ist schön und wir fühlen uns angenommen, wenn der Partner mit uns mitgeht. Es gibt aber eben leider auch die andere Seite der Medaille, wenn jemand nicht an uns glaubt.

Patrick und Marie haben jung geheiratet, mit Mitte 20, und sich ein Leben in einer kleinen Stadt bei Augsburg aufgebaut. Patrick ist in einer großen Firma in der IT-Abteilung beschäftigt, und Marie hat nach dem Abitur eine Ausbildung zur Bürokauffrau abgeschlossen. Sie wohnen in einem Haus auf dem Grundstück von Patricks Familie, beide gehen regelmäßig zur Arbeit. Aber

Marie möchte gern studieren. Schon als Kind hatte sie den Traum, einmal zur Uni zu gehen, und nun, nachdem sie etwas gesettelt sind und auch Patrick genug Geld verdient, will sie ihren Wunsch in die Realität umsetzen. In München bekommt sie einen Studienplatz. Patrick könnte sich mit seiner Frau freuen und sie unterstützen, aber das tut er nicht. Insgeheim ist er eifersüchtig auf ihre Herausforderung und ihre Möglichkeiten, Neues zu entdecken. Zudem will er keine »gebildete« Frau, die am Ende womöglich noch schlauer sein würde als er. Er mag ihr gemeinsames Leben so, wie es ist. Er mag es, wenn er abends nach Hause kommt und sie da ist. Und was tut er? Er versucht, sie kleinzumachen. Er legt ihr Steine in den Weg, indem er sie nicht unterstützt. »Muss das Studium sein?«, fragt er. »Haben wir nicht auch so ein schönes Leben?« Das findet Marie auch, aber sie strebt nach mehr – das Leben, wie es sich für sie darstellt, ist ihr nicht genug. Sie möchte sich entwickeln. Immer öfter gibt es Streit. Er schläft meist schon, wenn sie von der Uni nach Hause kommt. Am Wochenende flüchtet Patrick sich vor den Fernseher und wird langsam immer stummer. Neue Menschen, die Marie durch ihr Studium kennenlernt, will Patrick nicht treffen. Und so fängt Marie an, ihr Leben ohne Patrick zu führen. Sie sprechen sich nicht mehr ab, sie leben nebeneinanderher. Bis am Ende Marie einen Mann an der Uni kennenlernt, in den sie sich verliebt.

Wir haben jetzt zwei Beispiele von Menschen und ihrem Umgang miteinander in ihrer Beziehung gelesen. Nun gilt es herauszufinden: Was unterscheidet sie? Sind die einen bessere, die anderen schlechtere Menschen? Nein, ich würde sogar behaupten: Bevor sich Patrick und Marie trennten, liebten sie sich nicht weniger als Matthias und Stefanie. Der Unterschied liegt in der Fokussierung auf der Ermutigung, auf dem Großmachen des anderen. Und einem bedingungslosen Ja: Wir wollen eine Beziehung, in der wir für den anderen da sind, in der wir an ihn glauben und unsere Fähigkeiten dafür einsetzen, dass der andere seine Ziele verwirklichen kann. Und nicht zu vergessen: Spaß zu haben auf dem Weg dahin.

Den eigenen Mangel beseitigen

Wer seinen Partner kleinmacht wie in dem Beispiel von Patrick und Marie, sieht nicht die Größe des anderen, er schaut nur auf den Mangel. Das ist ein Klassiker in Beziehungen, und ich kenne das sogar von mir selbst. Ich hatte eine Phase, kurz bevor mein Immobilien-Business zusammenbrach, da war das Erste, was ich meiner Frau nach dem Nachhausekommen entgegenbrachte, Kritik. Ich war mit mir selbst nicht im Reinen, das war mir aber nicht bewusst. Dafür musste mein Unterbewusstsein jemanden bestrafen – meine Frau. Alles, was ich aber meinte mit: »Warum stehen die Schuhe wieder im Weg?«, oder: »Wieso haben die Kinder noch nichts gegessen?«, war: Ich bin nicht zufrieden mit mir. Mir geht es nicht gut. Ich muss etwas verändern in meinem Leben. Kritik am Partner überspielt das. Die Frage ist daher immer, ob wir nicht aus dem eigenen Mangel heraus am Partner etwas auszusetzen haben. Obwohl konstruktives Feedback gut ist, hat die Kritik an sich nämlich immer schon die Macht zu zerstören.

Menschen, die die Fehler anderer gehäuft zur Sprache bringen, kreieren ein Momentum, in dem der Druck entweichen kann: Wenn dein Leben gerade in der Krise steckt oder du keinen Lauf hast, wenn es dir nicht gut geht, kritisierst du – und zwar als Erstes deinen Partner. Das ist ein typisches psychologisches Phänomen. Das meiste Gemecker und Rumkritteln geht von den Menschen aus, die sich selbst am wenigsten leiden können. Der Grund ist einfach: Durch die Kritik am anderen können sie vor sich selber besser bestehen. Wenn ich selbst nicht schuld sein will, mich nicht leiden kann und dann die Fehler bei dir suche, geht es mir im Verhältnis schon wieder besser. So ist auch der Erfolg von vielen Trash-TV-Formaten zu erklären. Wenn ich dort Kandidaten sehe, denen es vermeintlich noch schlechter geht als mir, stellt mich das über sie. Der eigene Mist verringert sich dadurch. Auch meine negativen Gedanken relativieren sich, wenn ich genug Negativität auf mein Umfeld abstrahle. Dann stehe ich – im Verhältnis – gar nicht mehr so schlecht da.

Was sind die Voraussetzungen für das Großmachen des Partners? Was muss ich mitbringen? Der Punkt ist: Du kannst nicht in eine Beziehung gehen, wenn du nicht klar mit dir selbst bist. Du musst dir überlegen: Wie hast du die Erlebnisse der letzten Jahre verarbeitet? Wie hast du die gesammelten Erfahrungen für dich abgelegt? Sind die Schubladen sauber sortiert? Oder liegen noch Blätter lose verteilt, die du zwar weggelegt und einen Vorhang davorgezogen hast, aber wenn der fällt oder der Partner aus Versehen dagegenkommt, kippt dir der ganze Mist vor die Füße.

Wo liegen deine blinden Flecken?

Die Geschichte fängt also bei dir selbst an. Du solltest dich fragen: Wo im Bereich deines Herzens sind blinde Flecken? Wo bin ich klein, und wo will ich groß werden und muss wachsen? In manchen Bereichen bist du total sicher mit dir selbst, aber in anderen Teilen deines Herzens bist du es nicht.

Martin hat die größten Probleme seines Lebens immer im Bereich Beziehung. In Partnerschaften verwandelt er sich, er ordnet sich immer sehr unter und lässt seine Frau alles entscheiden – nach der (obligatorischen) Trennung muss er stets erneut lernen, was ihn eigentlich ausmacht und was er selbst gern mag, um in einer neuen Partnerschaft mehr Sicherheit zu bekommen.

Bei Lea liegt der blinde Fleck im Bereich Geld, weil ihre Mutter ihr als Kind am Ende des Monats oft kein Eis mehr kaufen konnte und es jeden Tag Kartoffeln gab. Als Erwachsene ist es für sie nun das Schlimmste, wenn nicht genug Polster auf dem Konto ist. Ihrem Freund war Geld aber immer schon egal, es ist immer genug da gewesen, er macht sich deshalb keine Sorgen.

Karls Vater war sehr leistungsorientiert. Karl fühlt sich deshalb wertlos an Tagen, an denen er etwa »nur« ein Buch liest. Er denkt in diesen Momenten, er sei faul und nutzlos. Sein Freund weiß das und ermutigt ihn, auch ab und zu die Seele baumeln zu lassen und sich dabei nicht schlecht zu fühlen. Weil das auch wichtig ist, um insgesamt ein gesundes Leben zu leben. Karl arbeitet daran, nicht immer nur zu arbeiten.

Diana hat von außen gesehen nichts zu klagen. Sie hat einen guten Job in der Marketingabteilung eines großen Unternehmens, sie fährt ein schickes Cabrio und wohnt in einem Penthouse. Und trotzdem: Zufrieden ist sie nicht. Ihr Kollege verdient noch ein Stück mehr, jemand anderes hat ein neueres Smartphone bekommen als sie und das Eckbüro mit dem tollen Lichteinfall ist auch nicht ihres. Sie fühlt an vielen Tagen, dass sie zu kurz kommt. Das ist ihr blinder Fleck. Sie fühlt sich unsichtbar.

Da, wo es dich triggert und reizt, da musst du tiefer gehen, um zu gesunden. Denn die Heilung deines Herzens ist wichtig zum Erbauen anderer Menschen. Du kannst niemals aus einem Mangel heraus aufbauen. Du musst selbst gefüllt sein und wissen, wo deine blinden Flecken sind. Dann kannst du daran arbeiten.

Um meine eigene Negativität und meinen Mangel wieder loszuwerden, machte ich mir damals, als ich meine Frau ständig kritisierte, folgende Übung zur Regel. Sie ist ganz leicht, du kannst sie auch probieren, vielleicht am Anfang drei Tage lang hintereinander. Dann entscheidest du, ob sie dir gefällt. Die Übung geht so: Immer wenn du in eine Situation hineinkommst, zum Beispiel in ein Gespräch, machst du es dir zur Aufgabe, zunächst etwas Ermutigendes beizutragen. Wenn ich jemanden treffe, ist oft das Erste, was ich sage: »Schön, dich zu sehen.« Das habe ich mir angewöhnt. Weil es eine Wertschätzung dem anderen gegenüber ist. Wenn man das eine Zeit lang gemacht hat, wird das Wertschätzende zum Automatismus und der Fokus verlagert sich mehr Richtung Dankbarkeit. Ich liege oft abends im Bett und denke: Es war ein großartiger Tag, ich bin sehr dankbar dafür. Weil ich tolle Menschen getroffen habe.

Positiv sein: Das versuche ich morgens, wenn ich aufstehe, und abends, wenn ich ins Bett gehe. Oder wenn ich einen netten Menschen treffe. Das sind Ankerpunkte, die ich mir setze: aufstehen, einschlafen, jemanden treffen. Und das Erste, was ich bei so einem Ankermoment tue, ist, etwas Nettes zu sagen oder Positives und Unvoreingenommenes, und ich versuche, dem Augenblick nicht wertend gegenüberzustehen. Das geht auch am Telefon. Wenn jemand anruft, sage ich: »Schön, dich zu hören.« Das ist irre: Einige Menschen sagen dann: »Warum?« Und dann antworte ich zum Beispiel: »Weißt du, ich hab den ganzen Tag rumgetrödelt, war auf Facebook, hab mich im Netz verloren, und jetzt kommst du und holst mich da raus. Und ich tue nichts anderes, als mit dir zu reden. Das ist schön. Das hilft mir, mich zu fokussieren. Deshalb bin ich dankbar für deinen Anruf.«

Was habe ich in diesem Moment gemacht? Einen Mind-Change. Ich habe meine Gedanken gedreht. Ich habe nicht gesagt: »Warum rufst du jetzt gerade an, wo ich mich bei Facebook entspanne, nachdem ich drei nervige Anrufe hatte und nicht zum Arbeiten gekommen bin?«, sondern: »Dein Anruf ist ein Geschenk. Danke, dass du mich aus diesem unklaren Tageswirrwarr rausgeholt hast.«

Du fragst dich vielleicht: Wann bin ich bereit, um in eine tragfähige Beziehung gehen zu können? Da jeder blinde Flecken in seiner Seele hat und auch Verletzungen, die nicht ganz verarbeitet sind, kann es keine zu 100 Prozent heilen Menschen geben. Es ist schlicht nicht möglich, weil es den perfekten Menschen ja auch gar nicht gibt. Perfekt musst du auch nicht sein: Jeder Mensch kann problemlos ein gewisses Maß an Rück- oder Niederschlägen und unverarbeiteten Dingen wegstecken und auch gut damit leben, sie werden dir kaum zur Last fallen. Das Glas ist niemals ganz gefüllt. Aber es sollte tendenziell eher gut gefüllt sein. Wenn in dem Glas nur noch eine Pfütze drin ist, ist es schnell leer. Aber es gibt irgendwo einen Punkt, an dem die meisten Menschen sagen würden, das Glas (in meiner Seele) ist eher voll als leer. Und den kannst du spüren.

Der Kreislauf des Großmachens

Wenn du nur auf den Mangel guckst und nur das Negative in dein Blickfeld lässt – »Ich kann wegen deines Anrufs nicht bei Facebook entspannen« – und das Positive übersiehst, ist der Grund dafür der Mangel in dir. Der mangelnde Selbstwert verleitet uns dazu, immer auf das zu schauen, was schlecht ist, nicht auf das, was gut ist. Aber was kann alles Schönes passieren, wenn du den Mangel in dir beseitigst, zum Beispiel mit der eben beschriebenen Übung?

Nach und nach wirst du dann aufhören, dich auf den Mangel bei anderen zu fokussieren. Und dann geschehen mit der Zeit Wunder, und deine Sichtweise von der Welt beginnt sich zu verändern. Wenn du nämlich nicht mehr auf den Mangel bei den anderen schaust, siehst du die Sachen, die gut sind. Blickst du auf die Sachen, die gut sind, beginnst du, die Dinge zu loben, die gut sind. Und wenn du die Dinge lobst, die gut sind, machst du die Menschen größer. Und wenn du Menschen größer machst, geben sie dir Dinge zurück. Das ist ein normales Prinzip. Sie fangen an, Dinge in dein Leben zurückzugeben, und du erfährst das Wohlwollen deiner Mitmenschen. Der erste Punkt aber, sozusagen die Grundlage für dieses Wunder, ist die Beseitigung des Mangels in dir – und das regelmäßige Üben.

Klein anfangen, groß rauskommen

Aber Üben ist in unserer Gesellschaft unsexy geworden. Üben heißt nämlich auch: klein anfangen. Darauf haben wir aber keine Lust mehr. Wir wollen alle eine erfüllte Beziehung, in der wir einander die Wünsche von den Augen ablesen und vom Partner ermutigt und getragen werden – in allen Bereichen, sexuell und mental. Aber wir vergessen oft, dass wir einen Schritt vor den anderen setzen müssen. Das Leben besteht genau genommen aus einzelnen kleinen Schritten. Was viele von uns aber ständig machen, ist: Wir sehen den Apple-Konzern heute mit seinen Flagship-Stores überall auf der Welt und den heiß begehrten Produkten, die mancher Mann womöglich lieber anfasst als seine Frau. Aber wir denken nicht daran, dass das Unternehmen mal ganz klein angefangen hat – und der Konzern auch mal kurz vor der Pleite stand, sich von Steve Jobs trennte und ihn dann in zweiter Ehe sozusagen zurücknahm.

Jede großartige Beziehung, die du bei Menschen in deinem Umfeld siehst oder bei Prominenten im Fernsehen, hat irgendwo klein angefangen. Aber davor verschließen wir gern die Augen. Wir haben keinen Respekt mehr vor den kleinen Anfängen, sie erscheinen uns nicht so interessant. Uns reizt das Große und Schöne, aber den Weg dahin sehen wir nicht.

Das Großmachen des Partners bedeutet, klein anzufangen. Aber klein anzufangen, ist hart. Denn es heißt, dich hinzusetzen und dich zu fragen: Was kann ich für meine Frau oder für meinen Mann, meinen Freund oder meine Freundin heute tun? Es ist wie das Training im Fitnessstudio, bei dem viele von uns nur noch Karteileichen sind. Wir sind angemeldet, wir bezahlen jeden Monat für das Angemeldetsein, wir sehen das auf dem Kontoauszug, aber wir machen nicht mehr mit. Weil es anstrengend ist. Und keinen Spaß macht. Das Ergebnis wollen wir aber alle. Wir wollen gesund sein und fit und mit Bikinifigur am Strand gesehen werden, aber der Weg dahin ist Arbeit. So ist es mit Beziehungen auch. Investiere Gedanken und Empathie in deine Partnerschaft: Wie geht es meiner Frau, wie geht es meinem Mann gerade, was durchlebt er? Überleg mal, wo kannst du deinem Partner mit deinen Fähigkeiten helfen und ihn unterstützen?

Das gilt auch für Freunde. Leicht ist es zu sagen: Ich gehe nach einer anstrengenden Woche in meine Stammkneipe und trinke ein paar Gläser Wein, um runterzukommen. Anstrengender ist es, vorher vielleicht noch einen Freund anzurufen, ohne Anlass, einfach nur, um ihn wissen zu lassen: Ich habe gerade an dich gedacht, ich wollte dir nur sagen, es ist schön, mit dir befreundet zu sein.

Groß machen bedeutet auch: Wir müssen aufhören, uns immer nur um uns selbst zu drehen, wir müssen aufhören mit diesem Egotrip. Wann hast du dich das letzte Mal – gestern, heute, bevor du das Buch gelesen hast – mit dem Leben deines Partners oder Mitmenschen beschäftigt? Und zwar nicht im Sinne von: Was ist das denn für ein Idiot, der mich auf der Kreuzung vorhin angerempelt hat? Oder: Was ist das nur für ein missgünstiger Kollege, der mir meinen Erfolg nicht gönnt?! Sondern: Wo kann ich meine Gaben in deinem Leben investieren, damit du davon profitierst? Und dich positiv beeinflussen?

Wann hast du das letzte Mal deinen Eltern gedankt für eine zum großen Teil gute Erziehung, auch wenn nicht alles glattgelaufen ist? Wann hast du das letzte Mal deiner Mama gesagt, dass sie eine klasse Mama war? Wann hast du das letzte Mal deinem Chef, auch wenn nicht immer alles toll ist, gesagt, dass es super ist, dass er seit 20 Jahren die Firma leitet, zwar nicht lückenlos alles richtig entscheidet, aber das Schiff seit 20 Jahren vertrauensvoll durch den Wirtschaftsozean leitet?

Wann hast du das letzte Mal deiner Frau gesagt, dass sie eine lebensfrohe Persönlichkeit hat oder dass du ihr Lachen gern hörst? »Ich liebe dich« zu sagen, das geht schnell, ist aber nicht gleichbedeutend mit einer echten Auseinandersetzung mit der Persönlichkeit und dem Charakter deines Mannes oder deiner Frau. Was genau liebst du denn an ihrem oder seinem Charakter? Wo kann er oder sie sich noch entwickeln und wie kannst du deine Fähigkeiten einbringen, dass dein Partner in dem Punkt, in dem er es sich wünscht, noch besser wird? Vielleicht träumt er oder sie immer schon davon, mal Fallschirm zu springen? Oder einen Yogakurs zu besuchen, oder sich beruflich in eine ganz andere Richtung zu entwickeln? Sei dabei. Ermutige deinen Partner, dass er weiterkommt.

Obwohl dies ein Partnerschaftsbuch ist, gilt der Kreislauf des Großmachens für das gesamte Leben. Mach dir doch mal einen Spaß und setz dir das Ziel, andere Menschen groß zu machen. Situationen, in denen man an Menschen Kritik üben kann, kommen frei Haus, also such doch mal bewusst nach Situationen, in denen du loben kannst, weil das eine bewusste Umprogrammierung deiner Denkweisen ist.

Klassische Situation: Du latschst zum Beispiel durch den Supermarkt. Ich wette, du findest dort genug Möglichkeiten, Kritik zu üben: Die Milch ist ausverkauft, die Frau an der Käsetheke hat einen schlechten Tag oder irgendwelche Kinder rennen rum und sind laut – kann da nicht mal jemand einschreiten?! Also musst du nach einer Situation zum Ermutigen und Großmachen suchen. Wie wäre es mit der Frau, die gerade das Regal einräumt?! Wie kannst du sie loben? »Es ist toll, wie Sie hier die Regale einräumen«, fällt einem vielleicht als Erstes ein, ist aber als Idee noch optimierungswürdig, weil so ein Lob von ihr als Ironie aufgefasst werden könnte. Aber wie wäre es, das Lob mit einer Frage zu verbinden? Du könntest sie fragen, wo sich das Currypulver befindet oder eine andere Kleinigkeit, die du brauchst. Sie wird es wissen und dir den Platz zeigen. Und dann sagst du: »Ich finde es wunderbar, dass Sie diesen riesigen Laden so gut kennen, dass Sie mir innerhalb von einer Sekunde sagen können, wo sich diese Kleinigkeit befindet! Das finde ich toll, ich wünsche Ihnen einen schönen Tag.« Was meinst du, was passiert! Ich bin sicher: Sie erzählt das am Abend ihrem Mann. Weil Loben in Deutschland so selten vorkommt.

Tritt mit deinen Mitmenschen in Beziehung

Warum loben wir unsere Mitmenschen eigentlich so selten, Fremde gar nicht? Erstens sind wir es nicht gewohnt. Zweitens haben wir eine unbegründete Angst vor der Reaktion des Gelobten. Hält der uns dann für verrückt? Antwortet der etwa was? Oder bedankt sich für das Kompliment? Das wäre uns unangenehm. Warum? Weil wir durch den Dank mit der fremden Person in eine Beziehung treten, und das wollen wir vermeiden. Ich sage, wir haben in der Gesellschaft ein Beziehungsproblem, deswegen teilen wir der Dame, die das Regal einräumt, nicht mit, dass sie einen tollen Job macht. Und wir vermuten das Schlechte. Wir denken, dass es uns etwas kostet, wir etwas tun oder irgendwie reagieren müssen.

In Hamburg gibt es ein sprachliches Phänomen, das mich ins Grübeln bringt. Wenn man sich dort für etwas bedankt, bekommt man oft als Antwort in breitem Nordlicht-Slang und mit viel hanseatischem Understatement: »Da nich für.« Was so viel bedeutet wie: Dein Dank ist doch gar nicht nötig. Der Dank wird abgetan. Ich behaupte: Viel schwieriger fiele es, den Dank anzunehmen. Das Nicht-in-Beziehung-treten-Wollen ist weit verbreitet. Ich beobachte es an Kleinigkeiten. Ein Kind geht nach der Schule mit zu einem Freund und bekommt von dessen

Eltern ein Eis gekauft. Der Vater holt das Kind bei seinem Klassenkameraden ab, erfährt davon und sagt zu dem Elternteil des Mitschülers: »Was kriegst du?« Die Antwort ist zu 90 Prozent: »Lass mal stecken.« Wir wollen nichts haben von Menschen, zu denen kein Vertrauensverhältnis besteht, und wir können auch nichts annehmen. Lasst uns das ändern.

Christin sagt oft zu ihrem Freund, nachdem sie zusammen einen Ausflug gemacht haben und er etwa das Essen oder die Übernachtung übernommen hat: »Ich will dir nichts schuldig sein.« Dabei macht es ihm Freude, sie einzuladen.

Das Phänomen des Nichts-schuldig-sein-Wollens beobachte ich immer öfter: Selbst in Partnerschaften wollen die Menschen nicht mehr in Beziehung treten. Aber, und das sage ich in aller Deutlichkeit: So tickt das Leben nicht. Menschen sind dafür geschaffen, in Beziehungen zu leben. Um hier kurz auf die Bibel einzugehen: Schon in der Schöpfungsgeschichte steht: Gott schuf den Menschen, und als er ihn anguckte, sagte er: So soll es nicht sein, er ist allein. Dann stellte er ihm die Frau als Gefährtin zur Seite und sagte: Nun ist es perfekt. Wir Menschen sind für Gemeinschaft geschaffen – und dafür, uns um andere zu kümmern und sie groß zu machen.

Mit deinem Lob tust du übrigens nicht nur deinem Gegenüber etwas Gutes, sondern auch dir selbst. Nehmen wir noch mal das fiktive Beispiel von der Frau, die im Supermarkt arbeitet. Du gibst ihr etwas. Geben ist seliger denn Nehmen, heißt es. Du gibst etwas, und bekommst etwas dafür. Nämlich was? Du fühlst dich großartig! Ich finde, das ist immer noch ein wohlgehütetes Geheimnis. Warum fühlt man sich toll? Es scheint in dem Moment etwas Göttliches, Übernatürliches zu passieren. Denn es ist ja nicht erklärbar – was hat es mit deinem Leben zu tun, die Frau zu loben? Nichts. Es verändert sich dein Leben auch eigentlich gar nicht. Aber wenn du gibst, gehst du durch so was wie eine Glücksgefühlsdusche. Schön erfrischend!

Im Prinzip kannst auch du jederzeit damit anfangen, positiver durch die Welt zu gehen und das Leben von deinem Partner in einem guten Sinn zu beeinflussen. Aber Veränderung funktioniert immer nur in kleinen, kontinuierlichen Schritten. Es gibt keinen Schalter, den du umlegen kannst. Es geht hier auch nicht darum, dein Leben von heute auf morgen komplett zu ändern. Nein. Es geht darum, Freude an Veränderung und am Ausprobieren von Dingen zu entwickeln. Denn wenn wir etwas mit Spaß machen – Freude und Leid sind unsere stärksten Emotionen –, dann merken wir uns das. Wir verbinden alles nur mit Emotionen.

Wenn wir vom Positivsein reden, sind wir auch schnell wieder beim Großmachen des Partners. Treten wir noch einmal einen Schritt zurück und machen uns bewusst: Natürlich ist es schwieriger, sein Vertrauen und seine positive Energie in jemanden zu setzen, der seine Ziele noch nicht verwirklicht hat. Es ist schwieriger zu sagen: Ich glaube an das, was du glaubst, ich bin an deiner Seite und unterstütze und ermutige dich – speziell in der Phase, in der deine Idee noch nicht erfolgreich ist. Wenn noch keine anderen da sind, die dir auf die Schulter klopfen.

Aber es ist auch unendlich ertragreich. Man bekommt etwas dafür zurück. Das ist ein menschliches Prinzip. Wenn ich meinen Partner dreimal zum Essen einlade und mit ihm über etwas rede, das ihn bestärken soll, wird er mir irgendwann eine Nachricht schreiben: Das nächste Mal bin ich dran. Denn: Auch deinem Partner ist daran gelegen, dich groß zu machen. Verstanden? Lob und Ermutigung machen immer die Runde, und kommen auch bei dir vorbei.

Lob ist wichtig, Ermutigung wichtiger

Jemanden groß zu machen und zu ermutigen ist übrigens mit Lob nicht zu verwechseln. Lob ist immer die Folge von etwas bereits Geleistetem. Ermutigung ist die

Voraussetzung dafür – und zwar ohne vorherige Leistung. Das ist ein entscheidender Unterschied. Die meisten Menschen haben verlernt, in das Leben ihres Partners hineinzusprechen, *bevor* er die Wohnung geputzt hat, *bevor* er die große Karriere gemacht und *bevor* er die Reise in den Urlaub geplant hat. Wir loben zwar hin und wieder, aber Lob ist abhängige Wertschätzung. Das Gegenteil, die Ermutigung, ist die unbedingte, also nicht bedingte Wertschätzung.

Wenn wir im Leben und in der Partnerschaft wieder zufrieden sein wollen, geht es nur über Ermutigung. Und Ermutigung ist Liebe. Und die verändert alles. Liebe ist das Größte. Nicht nur im Christentum ist das so, überall kommen wir auf diesen einen Punkt zurück. Das ist auch im Judentum so oder im Islam oder im Buddhismus. Liebe ist der oberste Punkt. Nur wo sie fehlt, ist Platz für Hass. Wenn du einen Moment mit Liebe ausfüllst, ist da kein Raum für etwas anderes. Wenn dein Herz voller Liebe ist, haben Neid, Missgunst oder negative Gedanken ausgespielt. Der entscheidende Punkt ist: Von außen kommt zwar trotzdem noch die ganze Scheiße auf dein Leben zugeflogen. Aber sie kommt nicht rein in dein Herz, wenn es vor Liebe übersprudelt. Versuch einmal, in eine Quelle etwas hineinzustecken. Genau: Geht nicht.

Wer sich angenommen fühlt, kann andere groß machen

Bei all den möglichen Verletzungen der Seele ist es wichtig zu wissen: Um gut in eine Partnerschaft gehen zu können, musst du dich angenommen fühlen. Denn es kommen immer wieder Alltagssituationen, die einen in die Knie zwingen wollen: Wie gehe ich damit um, wenn mein Kollege mich gemobbt hat, wenn ich im Freundeskreis übergangen werde (vielleicht unwissentlich), wenn es in der Liebe nicht klappen will? Da merke ich, wie lebensrelevant mein Glaube an Gott für mich persönlich ist. Andere glauben vielleicht an den Kosmos oder das Universum. Wenn jemand das bedingungslose Gefühl hat, angenommen zu sein – und zwar ohne dass er etwas dafür geleistet hat, das ist der wichtige Punkt dabei –, kann ihm das keiner nehmen.

Die Würde – und da kommen wir zum Grundgesetz – ist unantastbar. Denn Würde und Selbstwert sind nicht darüber definiert, was jemand kann oder welcher beruflichen Tätigkeit er nachgeht oder auf welcher vermeintlich hohen oder tiefen Stufe der Karriereleiter er steht. Es geht darum, dass bedingungslose Annahme da ist. Du bist wertvoll. Und wer das verinnerlicht hat, der kann andere Menschen erbauen und groß machen. Und sich zurücknehmen. Auch das schafft nur, wer Gewissheit hat, angenommen zu sein und nicht zu kurz zu kommen.

Aber warum brauchst du keine Sorge zu haben, dass du zu kurz kommst? Und warum glaube ich, dass du in deinem Leben zu Großem berufen bist? Ich glaube nicht, dass du nur ein kleines Rad bist, unbedeutend in dieser Welt. Man könnte ja sagen: Was du machst in dieser Welt, ist völlig irrelevant. Ich glaube das zutiefst nicht. Ich glaube, jeder Einzelne von uns hat eine Aufgabe. Und wenn er eine Aufgabe hat, und ich das glaube, dann ist es meine Aufgabe, meinen Teil dazu beizutragen, dass er im wahrsten Sinne des Wortes auflebt durch seine Aufgabe. Weil ich der festen Überzeugung bin, dass er wirklich dazu berufen ist, dass er seine eigene kleine Welt verändert – und dadurch auch die große Welt.

Rechne mit Rückschlägen

Wenn du nun anfängst, deine Welt zu verändern und das Leben der anderen und dein eigenes groß zu machen und positiv, darfst du nicht damit rechnen, dass du nur positives Feedback von deinen Mitmenschen bekommst. Vielleicht ist sogar das Gegenteil der Fall. Denn du wirst dich verändern und auch deine bisherigen Entscheidungen und deine Sichtweisen hinterfragen. Wer andere in ihren Wünschen und Entwürfen ermutigt, dessen eigenes Leben wird auch positiver werden. Du wirst zum Beispiel viel weniger Gefallen daran finden, über andere herzuziehen und dich an solchen Gesprächen, die in deutschen Büros leider gang und gäbe sind, zu beteiligen. Du wirst spüren, dass das nicht mehr die »Energien« sind, mit denen du dich umgeben möchtest. Es wird dir viel stärker auffallen, wie viel Schlechtes über andere ausgekübelt wird. Sei es nur aus Unbedachtheit oder falsch verstandenem Sarkasmus oder weil die Menschen überhaupt nicht mehr spüren, wie sehr sie mit Sprüchen oder kleinen Gemeinheiten andere verletzen. Und es könnte sein, dass du durch das Nicht-mehr-Mitmachen ausgeschlossen wirst und andere sich fragen, was mit dir los ist. Es muss nicht sein, aber es kann passieren.

Wenn es geschieht, ist hier ein wichtiger Gedanke für dich: Was passiert häufig mit Menschen, die in ihrem Umfeld als Pioniere gelten? Richtig. Sie werden (in der ersten Stufe) belächelt. Das Umfeld, das nicht mitmacht, sich nicht verändert und so negativ bleibt, wie es immer war, wird dich unter Umständen belächeln. Weil die großen Neuerer immer schon belächelt wurden. Die Brüder Wright zum Beispiel, Pioniere der Luftfahrt ohne Highschoolabschluss: Meinst du, dass sich die Mehrheit der Menschen damals hinstellte und sagte: »Wir glauben an euch«? Oder war es nicht eher so, dass viele meinten: »Das klappt nie mit dem Motorfliegen. Wenn Gott gewollt hätte, dass wir in die Luft gehen, hätte er uns Flügel gegeben, du Pfeife!«

Menschen, die etwas Neues in Gang setzen wollten, wurden schon immer belächelt. Und weil wir uns evolutionstechnisch nicht von den Menschen unterscheiden, die vor Tausenden von Jahren lebten, ist es immer schon so gewesen. Und glaub doch ja nicht, dass die Brüder Wright oder Henry Ford, der der breiten Masse das Autofahren ermöglichte, oder Walt Disney, der in Hollywood fünfmal abgelehnt wurde, bevor er den Durchbruch schaffte, von all ihren Mitmenschen Anerkennung erfahren haben. Aber sie haben weitergemacht. Hätte Disney nach drei Absagen aufgegeben, gäbe es heute keinen Donald Duck. Also mach auch du weiter. Klar ist aber: Wenn du anfängst, neu zu handeln, wirst du unter Umständen belächelt, und das hat auch etwas von Ablehnung. Aber trotzdem: Du bist auf einem guten Weg. Und du befindest dich in guter Gesellschaft von großen Pionieren. Willkommen im Klub.

Liebesgeheimnis 1
auf einen Blick

♥ Beseitige den Mangel in dir
Um deinen Partner groß machen zu können, musst du selbst mit dir im Reinen sein. Guck auf die blinden Flecken deiner Persönlichkeit und arbeite gezielt an ihnen.

♥ Kreislauf des Großmachens

Wenn du aufhörst, auf den Mangel bei dir zu schauen, wird sich deine Sichtweise auf die Welt und auf deinen Partner verändern. Dann schaust du auf das, was da ist – nicht auf das, was nicht da ist. Wenn du auf das Positive bei deinem Partner schaust, fängst du an zu loben und zu ermutigen und deinen Partner und die Menschen um dich rum groß zu machen, die wiederum dir etwas zurückgeben. Wenn du dieses Prinzip verstanden und eingeübt hast, geschehen Wunder.

♥ Klein anfangen, groß rauskommen

Viele von uns haben vergessen, dass das Leben aus kleinen Schritten besteht, die langsam einer vor den anderen gesetzt werden müssen. Wir sehen immer nur das Ergebnis – einen schönen Körper, eine harmonische Beziehung, einen weltweiten Konzern –, aber wir blenden die kleinen Schritte aus, die zu dem tollen Ergebnis geführt haben. Kleine Schritte sind Arbeit, die wir nicht scheuen dürfen.

♥ Lob und Ermutigung

Wenn wir in der Liebe wachsen wollen, geht das nur über Lob und Ermutigung, wobei Loben wichtig ist, Ermutigung aber noch wichtiger, weil sie das (positiv) unterstreicht, was noch nicht sichtbar ist. Während Loben rückbezüglich auf etwas bereits Geleistetes ist, sieht die Ermutigung in die Zukunft. Die Ermutigung unterstreicht den Glauben an den Partner. Du schaffst das, was du dir wünschst.

♥ Fühl dich angenommen

Die Würde des Menschen ist unantastbar. Denn die Würde und der Selbstwert sind nicht darüber definiert, was jemand kann oder welcher Tätigkeit er nachgeht oder auf welcher Stufe der Karriereleiter er steht. Es geht um bedingungslose Annahme. Du bist wertvoll. Wer das verinnerlicht hat, kann andere Menschen erbauen und groß machen.

♥ Rechne mit Rückschlägen

Wenn du den Kreislauf des Großmachens verinnerlicht hast, wirst du anfangen, dich anders zu verhalten – nicht nur in der Partnerschaft –, weil du auch gar keinen Gefallen mehr daran finden wirst, andere kleinzumachen, um dich selbst größer zu fühlen. Dein Umfeld wird unter Umständen nicht positiv reagieren, sich über dich wundern oder dich belächeln. Trotzdem solltest du auf diesem Weg bleiben, weil er dich erfüllen wird.

Übungen

Das Besondere des Tages

Ich fasse jeden Tag am Abend die Geschehnisse des Tages mit meiner Familie zusammen. Jeder darf erzählen, was an seinem Tag besonders gut und was besonders schlecht war. Wir konzentrieren uns dabei nur auf das Besondere. Mach das doch auch mal mit deinem Partner. Du wirst sehr schnell raushören, was ihn oder sie beschäftigt und wo du ansetzen kannst, seine oder ihre Zukunft positiv zu gestalten.

Zuhören ist Wertschätzung

Wer sich wertgeschätzt fühlt, nimmt sich als wertvoller wahr und wird selbstbewusster. Dass du deinem Partner besondere Aufmerksamkeit schenkst, kannst du etwa zeigen, indem du dein Handy verkehrt herum auf den Tisch legst. Mit dem Display nach unten. In der heutigen Zeit ist so eine kleine Geste superviel wert und macht den Partner groß.

Loben muss man üben

Sag deinem Partner einmal am Tag, was du an seinem Charakter schätzt. Du wirst sehen, schon bald wirst auch du Komplimente von ihm für deine Art bekommen.

Offenbare deine dunklen Seiten

Zu Beginn dieses Kapitels will ich eine Geschichte erzählen: Ich stand mal in einem Ehevorbereitungsseminar vor zehn Paaren, und ich sagte ihnen, weil es meine tiefe Überzeugung ist: »Für eine Partnerschaft ist es wichtig, in seine dunkelsten Ecken zu gucken – und vor allem, seinem Partner davon zu erzählen.« Denn wann spielt ein Team am besten? Richtig: Wenn es seine vermeintlichen Schwächen kennt. Und eine Stärke ist es, diese Schwächen (die nebenbei gesagt keine sind) auszusprechen und sie ins Licht zu stellen. Nur so lernt man seinen Partner vollkommen kennen und bleibt nicht an der Oberfläche.

Einer der Teilnehmer dieses Seminars, ein gut aussehender Mann Ende 20, sah sich gern Pornos an. Er genoss es, nackten Menschen beim Akt zuzusehen, aber seine zukünftige Frau wusste nichts davon. Bisher hatte er ihr nichts davon erzählt. Er schämte sich und hatte Angst, sich zu offenbaren. Er sah dort offenbar Dinge, die ihn antörnten, und er konnte oder wollte seine Frau in diese »verbotene Stadt« in seinem Innern nicht mitnehmen. Dabei wünschte er sich nichts sehnlicher, als das, was er da sah, mit ihr nachzuspielen und zu sehen, ob die Realität das halten würde, was der Film versprach.

Mein Rat an die Frauen in dem Seminar war übrigens, niemals über eine Bettfantasie ihres Mannes zu lachen oder sich auch nur im Geringsten lustig zu machen. Wenn einer sich über den anderen, der sich offenbart, lustig macht, können viele Jahre aufgebauten Vertrauens in die Brüche gehen. Wie gesagt, wir leuchten hier ja in die ganz dunklen Ecken der Seele, in einen Raum, zu dem außer demjenigen selbst oft niemand Zutritt hat und der mit vielen Schlössern verhängt ist. Wenn nun der Auserwählte einen Schlüssel bekommt und damit nicht verantwortungsbewusst umgeht: Na dann, halleluja ...

Bevor ich die Geschichte zu Ende erzähle und verrate, wie es mit diesem Paar weiterging, will ich noch etwas zu Pornografie sagen. Denn der junge Mann aus meinem Kurs ist bei Weitem nicht der einzige, der sich jeden Tag Pornos anschaut. Fast jeder zweite Internetuser nutzt Pornografie, sagt die Statistik. Das heißt, es geht – auch im Paarleben – viele Menschen an. Viele interessieren sich dafür.

Flucht in die Pornografie

Wir Deutschen sind Weltmeister im Konsumieren von Pornografie. Wir gucken mehr als die Amerikaner und die Engländer und die Spanier. Rund ein Viertel der Anfragen an Google und Co drehen sich um die Nacktfilme. Das verpflichtet uns quasi dazu, uns damit auseinanderzusetzen. Es betrifft einfach zu viele – und greift auch in Beziehungen ein. Deshalb ist es gut, Pornos aus dem gedanklichen Darkroom rauszuholen. Wenn man nämlich nicht so moralisch darangeht, wird schnell klar, dass der Konsum eine Art Flucht ist. Eine Flucht in eine virtuelle Sexwelt, in der scheinbar alles möglich ist. Genauso wie es eine Flucht ist, stundenlang vor dem Rechner Computerspiele zu zocken oder sich in eine Welt der Horrorfilme zurückzuziehen. Menschen brauchen diese Möglichkeiten als Kompensation. Aber nur dann, wenn sie nicht in Erfüllung leben. Das ist entscheidend.

Wer von seiner Erwartungshaltung aus gesehen ein nicht ausreichend erfülltes Leben führt, sucht sich Kanäle, wo er scheinbar Erfüllung findet. Und Pornografie ist vor allem für Männer ein Ort, an dem sie genau das tun. Sie sind dort gefühlt die Macher, sie sind diejenigen, die dominieren. Die Darsteller in Pornos spiegeln das Ur-Männliche wider: Land einnehmen, Frau einnehmen, sich stark fühlen. Nach dem Konsum allerdings müssen sich die User wieder mit irgendeinem Alltagsmist beschäftigen – sie machen die Umsatzsteuervoranmeldung oder gucken, was es zum Abendessen geben soll: Toast mit Pute oder Käse? Und schon fällt die eben noch gefühlte Stärke in sich zusammen wie ... genau!

Früher, daran kann ich mich noch gut erinnern, waren Unterwäscheseiten in Versandhauskatalogen die Pornografie der Teenager. Zeig das heute mal einem Jugendlichen, der lacht sich kaputt. Die Grenzen der Sexualität verschieben sich mehr und mehr ins Extreme. Aber auch das darf man nicht verteufeln, im Gegenteil: Wir Menschen sind geschaffen für Extreme. Wir sind geschaffen nach einem göttlichen Prinzip, und das ist gleichbedeutend mit: Wir sind extrem. Guck dir einen Ozean an, den Atlantik, wenn das nicht extrem ist! Wir machen Expeditionen in die Arktis oder steigen ohne Sauerstoffgerät auf Berge, die Tausende von Metern hoch sind.

Auch Pornografie ist extrem. Nur muss man sagen: Was war zuerst da? Die Henne oder das Ei? Die Filmchen sind von Menschen produziert. Und all das, was da gezeigt wird, kommt nicht aus dem Nichts. Und wenn du da scheinbar unvorstellbare Dinge siehst – an dieser Stelle will ich ausnahmsweise mal nicht ins Detail gehen, und ich spreche hier ausdrücklich nur von legalen Stoffen –, ist es eben doch vorstellbar, weil es der Fantasie eines Menschen entsprungen ist. Von was der Filmemacher jetzt getrieben war, sich das vorzustellen und als Film umzusetzen, ist eine andere Sache. Aber es ist in der Welt, und es gibt Leute, die das toll finden. Andere sagen: »Das ist verrückt«, oder finden es ekelhaft. Aber Wertungen bringen uns hier nicht weiter.

Macht deine Traumwelt dein Leben größer oder kleiner?

Weiter bringt uns hingegen folgende Frage, die ich auch meinem Seminarteilnehmer gestellt habe: Macht es dein Leben größer? Macht der Konsum dein Leben reicher? Das ist die Grundfrage bei allen Dingen, die du tust. Wenn du am Ende rausgehst aus deinem Pornokino (oder dem Berghain oder etwas Ähnlichem, das für Flucht steht) und sagst auch noch zwei oder drei Tage später: Wow, das hat mich aufgebaut – und zwar nicht nur am sexuellen Höhepunkt, sondern auch noch danach. Dann scheint es schön für dich zu sein und dein Leben zu bereichern. Spürst du aber nach zwei, drei Tagen, dass du down bist oder dich unwohl fühlst, dann kannst du sicher sein, dass es ein Kick ist, den du dir holst, um von etwas abzulenken. Dein grundsätzliches Leben wird nicht besser durch den Besuch eines Klubs oder den Konsum von viel Alkohol oder Sexfilmen, ganz im Gegenteil. Du fängst dann nämlich an, dich auf die Fantasie zu fokussieren, und vernachlässigst immer mehr die Realität.

Dann nimmt dein Leben an Fülle ab, weil du die Traumwelt als deine neue Realität siehst – und du vergisst das eigentlich Wichtige: deine Realität zu verändern.

Raus mit der Sprache

Im Ergebnis macht es aber keinen Unterschied, ob deine Fantasie, ob das, was in der Ecke deiner Seele schlummert, du aber nicht nach draußen lässt, eine Flucht ist oder etwas, das dich wachsen lässt. Ans Licht sollte es auf jeden Fall. Und für eine Beziehung, in der der eine Partner den anderen in Gänze kennenlernt, ist es auch wichtig, das auszusprechen. Dieses Buch könnte ein guter Anlass sein, sich bei einem Glas Wein zusammenzusetzen und zu sagen: »Du, ich hab da was gelesen von diesem Pastor, und ich muss dir sagen, dass ich seit einiger Zeit von der Stellung X träume und die Fantasie Y geht mir nicht aus dem Kopf, Z übrigens auch nicht. Ich wollte dich daran teilhaben lassen, damit du weißt, wie ich gerade ticke und was in mir los ist.«

Es ist wichtig, dass die Dinge ans Licht kommen, denn jeder Jeck ist anders, wie wir Kölner sagen. Und jeder ist gut, so wie er ist. Ich will hier mal eine Geschichte von einem Freund wiedergeben, die illustrieren soll, was passieren kann, wenn man sich seinem Partner nicht offenbart. Am besten, ich lasse ihn selbst erzählen in der Ich-

Form. Der Erzähler bleibt anonym, die Geschichte ist aber wahr.

Ich war gerade ein paar Monate getrennt von meiner langjährigen Partnerin und ging mit einem Freund in eine Bar in meiner Straße in Hamburg. Die Bar ist oft so voll, dass man mitten im Raum steht und sich unterhält, die Leute schieben sich vorbei, es wird geraucht, so wie früher, und der Chef des Ladens kennt gefühlt jeden, der reinkommt. Auch ich werde dort mit Handschlag begrüßt, obwohl ich bisher nur ein paarmal da war. Mein Kumpel und ich stehen also da, und eine Frau kommt rein, sie ist allein, und nach einer halben Stunde Hin- und Hergeschiebe in der vollen Kneipe fangen wir an, uns zu unterhalten. Mein Freund verabschiedet sich und wünscht uns noch viel Spaß. Sie heißt Susi, ist aus Köln und Sozialarbeiterin. Ich erzähle von meiner Trennung und von meiner Tochter, was mich gerade so beschäftigt. Sie hat auch einen Mann und ein Kind, aber es klingt immer wieder zwischen den Zeilen durch: So richtig glücklich ist sie nicht. Obwohl sie, sobald sie merkt, dass das durchscheint, Gesagtes auch immer wieder zurücknimmt und betont, sie sei nicht unglücklich oder so, und doch bleibt der Eindruck, dass in ihrer Beziehung etwas hakt. Wir trinken noch einige Bier mehr, irgendwann macht die Bar zu. Wir sind ziemlich betrunken, und ich frage sie, ob sie noch mit zu mir will. Will sie. Zehn Minuten später guckt sie sich Bilder auf meiner Fotowand in meinem Wohnzimmer an, und dann fragt sie mich wie aus dem Nichts: »Gehen wir jetzt endlich ins Bett?«

Ich bin etwas überfahren, aber: »Ja klar, okay, machen wir, gute Idee.«

Und dann, als wir eine Minute später im Bett sind und sie sich ausgezogen hat, sagt sie: »Schlag mich! Mein Hintern kann viel vertragen. Und zu Hause kann ich das nicht ausleben.«

Die Geschichte zeigt: Es ist toll, dass die Frau aus Köln sich dem anonymen Erzähler offenbaren konnte. Aber, das muss ich auch ganz deutlich sagen: Der Adressat war der Falsche. Ihrem Mann hätte sie es sagen sollen. Nur der wusste von ihrer Vorliebe offenbar nichts. Schade eigentlich für die beiden. Denn die Offenbarung hätte ihre Beziehung vielleicht auf ein neues Level gehoben. Jetzt ist die Frau fremdgegangen und die Ehe inzwischen – die Geschichte ist zwei Jahre her – am Ende. Aber wenn sie von ihrer Vorliebe erzählt hätte, wäre das Paar vermutlich gestärkt daraus hervorgegangen. Stärkung und Schwächung liegen wie bei diesem Beispiel manchmal eng beieinander. Es ist nur die Frage, ob du links oder rechts rum abbiegst. Erzählen oder nicht erzählen, das ist hier die Frage.

Die Angst vor Ablehnung

Warum erzählen wir es aber nicht, warum hat die Frau aus der Geschichte einem Fremden zwar, ihrem eigenen Mann aber nichts von ihren Wünschen erzählt? Der Grund ist: die Angst vor Ablehnung. Die Angst vor Zurückweisung. Das ist das große Ganze, das hinter allem steht, warum wir uns unseren Liebsten nicht offenbaren. Die Angst vor Ablehnung müssen wir in den Griff bekommen. Das ist übrigens für alles gut, nicht nur für den sexuellen Bereich. Für Gehaltsverhandlungen mit dem Arbeitgeber, für Gespräche mit Freunden, den Eltern. Für alles. Du gehst nicht zu deinem Chef und sagst: »Ich möchte bitte 20 Prozent mehr«, wenn du Angst hast, dass er dir tief in die Augen guckt und sagt: »Du hast wohl 'ne Meise. Du bist es nicht wert. Du leistest nicht genug.« Dahinter steht die Angst vor Ablehnung. Und die Frau aus dem Bar-Beispiel? Sie geht nicht zu ihrem Mann und offenbart sich, weil sie Angst hat, dass der Mann sagen könnte: »Schatz, ich hab mich so in dir getäuscht. Ich hab dich für eine so tolle Frau gehalten. Was in deinem Leben und in deiner Seele ist nicht in Ordnung, dass du so etwas brauchst? Du hast mir suggeriert, dass du eine warmherzige Frau bist. Und nun das!«

Oder der Mann aus dem Seminar, der seiner Frau nichts von seinem Pornokonsum erzählt. Er hat unterbewusst Angst vor folgenden Sätzen: »Brauchst du das, so billige

Frauen, die sich vor der Kamera ausziehen? Und dazu ziehst du dich aus und befriedigst dich? Ich fand dich immer wunderbar, und nun bringe ich dich mit solchen Schmuddelsachen in Verbindung. Du bist ein Schwein.«

»Du bist!« Das ist ein Killersatz für uns Menschen. Was nämlich die meisten von uns nicht tun, ist aufzutrennen zwischen einer Art von dir – einer Eigen-Art – und der gesamten Persönlichkeit. Wenn du Pornos guckst, »BIST DU« ein Schmutzfink. Wir müssen Menschen aber ermutigen, eine sexuelle Vorliebe als einen Teil der Persönlichkeit zu sehen, und nicht den Menschen in seiner Gesamtheit danach zu be- und schon gar nicht zu verurteilen.

Als ich damals mit meiner Immobilienfirma pleiteging, war meine Auffassung von mir: »Ich bin ein Loser.« Nicht: »Ich habe ein Unternehmen in den Sand gesetzt«, oder: »In dem oder dem Bereich habe ich vielleicht nicht gut genug aufgepasst«. Ich hatte auch nicht die Erkenntnis: »Vielleicht ist die Immobilienbranche gar nicht mein Lebensbereich.« Nein, das Damoklesschwert, das immer über mir schwebte, war: »Ich bin es nicht wert. Ich – bin – schlecht.« Aufgrund einer einzigen Sache. Das geht vielen Menschen so: Du kannst in allen Bereichen ein liebenswerter Mensch sein, du kümmerst dich wundervoll um die Kinder, ermutigst deinen Partner, sich zu entwickeln, bringst ausreichend Geld zum Leben nach Hause. Aber in dem Moment, wo du deinem Partner sagst: »Ich habe diese oder jene Vorliebe im Bett«, kann es schwierig werden. Das ist wie ein Persönlichkeitskahlschlag. Das müssen wir ändern. Wir müssen ein Bewusstsein dafür schaffen, dass es im Leben verschiedene Bereiche gibt, in denen wir Menschen unterschiedlich ticken. Für eine einzige Sache darf keine Verurteilung stattfinden.

Eigen-Arten und Persönlichkeit voneinander trennen

Ich mache hier mal einen Sprung in meine Familie. Mein Sohn hatte neulich mal eine schlechte Note. Ich sagte ihm: »Meine Papaliebe ist davon unberührt, ich liebe dich nach wie vor, an meiner Liebe ändert sich nichts. Trotzdem ist es nicht gut, wenn du schlechte Noten schreibst, denn ich habe die Weitsicht zu sehen, dass – wenn das über einen langen Zeitraum so geht – du nicht alles studieren kannst, was du willst, du kannst nicht jede Berufsausbildung machen. Das wäre schade. Deswegen schimpfe ich – in Anführungszeichen – mit dir.« Ich kritisiere ihn auf der Sachebene. Ich sage ihm: »Ich stelle nicht dich als Persönlichkeit infrage, sondern einen Teil von dir. Du hast nämlich alles Mögliche gemacht, nur nicht für die Arbeit gelernt. Das hat aber nichts mit deiner Seele zu tun.«

So müssen wir das abspalten. In allen Lebensbereichen. Das gilt übrigens auch für erfolgreiche Menschen, wenn du mir diesen kleinen Exkurs erlaubst. Es ist also nicht nur ein Sex-Kapitel. Erfolgreiche Menschen sind keine besseren Menschen. Der sogenannte Halo-Effekt sorgt nur dafür, dass wir das manchmal denken. Unserer Wahrnehmung nach strahlt die Schönheit eines Lebensbereichs – zum Beispiel der berufliche Erfolg – auf alles andere ab. Der Geldbereich eines Managers zum Beispiel, mit 300 000 Euro Gehalt im Jahr, einer schönen Wohnung in Berlin Prenzlauer Berg und einem teuren Auto, strahlt scheinbar auf all seine anderen Lebensbereiche ab. Sein Umfeld geht automatisch davon aus, dass das ein toller Mensch sein muss. Um ehrlich zu sein: Ich habe da Zweifel. Und zwar nicht, weil er jährlich 300 000 Euro verdient, sondern weil die Annahme falsch ist. Das Einzige nämlich, was der Manager kann, ist, in diesem Bereich, in dem er so viel Geld verdient, mehr richtig als falsch zu machen. Und er hat einen Arbeitsvertrag, der ihm seine Entscheidungen gut honoriert. Wie er dazu gekommen ist, wie er seine Arbeit in seinen Alltag integriert, wie er seine Beziehungen führt, zu seiner Frau oder seinen Freunden, oder wie es in seiner Seele aussieht, hat damit nichts zu tun.

Bei scheinbar einfachen Menschen machen wir das auch. Bei einem Kassierer oder jemandem, der die Toiletten in einem Klub sauber macht. Wir behandeln ihn nach seiner Tätigkeit, dabei ist der Beruf nur ein Teil seines

Lebens. Er oder sie kann ein toller Papa oder eine liebevolle Mama sein, fürsorglich und großherzig und uns selbst in einigen Bereichen des Lebens um Längen voraus sein. Aber wir Menschen sehen oft nur den Job. Das ist oberflächlich und nicht in Ordnung, und das Prinzip dahinter heißt: keine Wertschätzung. Aber wenn ich andere nicht wertschätzen kann, habe ich auch ein Problem mit meinem eigenen Selbstwert, das sollten wir nicht vergessen. Aus einem Mangel heraus kann man nichts geben, auch keine Wertschätzung. Wer nicht wertschätzt, hat vielleicht selbst nicht genug Wertschätzung erfahren, sodass er nichts geben kann.

Mut für den, der erzählt, De-Mut für den, der zuhört

Welche Eigenschaften braucht jetzt jemand, um rauszurücken mit der Sprache? Der erste Reflex ist, ihm Tools an die Hand zu geben, wie er sein »Geständnis« am besten rüberbringen möge. Das ist aber der falsche Ansatz. Viel mehr als Mut zusprechen kann man demjenigen nämlich nicht.

Wichtiger ist in dem Zusammenhang derjenige, der von den Wünschen des anderen erzählt bekommt. Mit dem müssen wir reden, den müssen wir beiseitenehmen. Der verurteilt nämlich unter Umständen denjenigen, der erzählt. Der Zuhörende sollte eine Atmosphäre schaffen, in der es dem anderen möglich ist, sich zu öffnen. Wenn jemand auf dich zukommt, in deinem Freundeskreis, bei der Arbeit, deine Frau, dein Mann, dein Freund, deine Freundin: Verurteile nicht, sondern höre zu. Denn der andere fasst sich sowieso schon ein Herz.

Wir müssen wegkommen von der bedingten, eigenschaftsbasierten Wertschätzung hin zu einer unbedingten Wertschätzung. Dann würde es uns auch nicht so schwerfallen, von unseren Fantasien zu berichten. Dann hätten wir ein Umfeld, in dem wir uns unabhängig von der einen (Sex-)Sache angenommen und geliebt fühlen.

Toms Freundin kommt auf ihn zu, da sind sie gerade frisch zusammen, und sagt zu ihm: »Ich wollte dir einfach nur sagen, aufgrund meiner Erfahrung, aufgrund meines bisherigen Beziehungslebens: Wenn es Dinge gibt, wo du gefühlt im Unreinen bist oder mit denen du kämpfst, komm bitte einfach auf mich zu. Ich sage dir zu, dich nicht zu verurteilen, dir einfach nur zuzuhören und die Dinge differenziert zu sehen. Egal, was es ist. Ob das eine nicht ausgelebte Fantasie ist, eine Leidenschaft, von der keiner weiß, oder ein fieser Gedanke zu einem völlig anderen Thema. Ich wollte dich ermutigen, zu mir zu kommen, und ich werde mir immer Mühe geben, dich nicht zu verurteilen.«

Ich kann dir sagen: Mit so ein paar Sätzen ist der halbe Weg für eine tolle Beziehung schon gegangen. Es gilt: Mut für den, der es erzählt, Demut (in der Psychologie der positiv besetzte Gegenpol zum Hochmut) für den, der es erzählt bekommt. Denn die Verurteilung findet immer beim Hörenden statt, nicht bei dem, der sich öffnet, der hat Angst. Dem können wir nicht mehr zusprechen als: Hab Mut, es wird sich auszahlen. Aber dem, der verurteilt, dem können wir mehr sagen. Unter anderem: Denke daran, dass du auch einer bist, der sein Päckchen zu tragen hat, in welchem Bereich auch immer. Und wenn du jetzt vielleicht denkst, du hättest überhaupt keine Herausforderungen, dann sei dir sicher: Es stimmt nicht.

Investiere in ein gutes Fundament deiner Beziehung

Wann ist nun der richtige Zeitpunkt, seinem Partner von der einen oder anderen Fantasie zu erzählen? Ich glaube, es gibt ihn nicht. Meine Frau und ich haben uns damals, am Anfang unserer Beziehung, ein Buch gekauft, also eine Art Rahmen geschaffen, in dem es möglich ist, sich zu offenbaren. In *Die Wahrheit über uns* von David Tripolina sind Fragen aufgeführt, die man beantworten muss, und dann redet man darüber, um sich besser kennenzulernen.

Eine gute Idee, die ich jedem ans Herz legen würde.

Wir allerdings, und das gilt nur für uns, haben die intimen Fragen damals nicht wahrheitsgemäß beantwortet. Der gute Ansatz wurde durch die Angst in uns zunichtegemacht. Ich habe erst kürzlich mit meiner Frau über das Buch gesprochen, und sie fragte mich: »Warum haben wir das damals eigentlich nicht ehrlich beantwortet?«

Ich sagte: »Ganz klar: Gesichtsverlust.« Ich wollte vor Maja gut dastehen. Ich habe ihr von meinen Fantasien null Komma nichts erzählt. Und sie mir von ihren auch nicht. Weil wir beide dachten, der andere sagt: »Bist du verrückt?« Wir wollten damals den neu gewonnenen Partner, die neue Liebe, nicht verlieren. Das ist normal. Und fahrlässig. Warum? Das will ich hier an einem Gedankenspiel illustrieren.

Wir werden jetzt den Ich-erzähle-nichts-Gedanken auf verschiedene Weisen bis zu Ende denken. Ich nehme jetzt also an, ich habe eine bestimmte Fantasie. Und ich traue mich nicht, meinem Partner oder meiner Partnerin davon zu erzählen. Ich entschließe mich deshalb, die Fantasie für mich zu behalten. Das führt dann dazu, dass ich erst mal mit meiner neuen Liebe zusammenbleibe. Sie weiß ja nichts davon, also kann sie mich auch nicht verurteilen. Die Fantasie aber, die bleibt in meinem Kopf.

Ich erzähle nach wie vor nichts und baue mir ein Leben mit meiner Liebe auf: Ich ziehe mit ihr zusammen, unsere Freundeskreise fangen an, sich zu überschneiden, wir bekommen vielleicht ein Kind und entwickeln uns beruflich. Aber ich will immer noch X und Y im Bett, und es lässt mich nicht los. Nur klammere ich das bewusst aus, mein Leben wird um meine unterdrückte Leidenschaft herum aufgebaut.

Fantasien aber sind Schattengewächse, sie gedeihen im Verborgenen und treiben dort viel mehr Blüten als bei Licht. Ich gehe deshalb zum Beispiel immer öfter auf Pornoportale und sehe dort, wie Menschen das ausleben, was ich auch will. Aber ich kann meinem Partner nichts davon sagen. Deshalb entferne ich mich innerlich immer weiter von ihm. Mein Geheimnis treibt einen Keil zwischen uns. Die Annahme, dass durch tägliches Unterdrücken mein Verlangen irgendwann weggeht, stimmt die? Natürlich nicht. Dieser Weg scheidet aus. Er führt ins Unglück.

Versuchen wir einen anderen Pfad. Bei der ersten Annahme habe ich von meiner Fantasie nichts erzählt, sie aber auch nicht ausgelebt, ich habe versucht, sie zu unterdrücken, und festgestellt: Es geht nicht. Ich entferne mich von meinem Partner, was zu Konflikten führt, die mehr werden und schließlich zur Trennung führen. Ein anderer Weg wäre: Ich erzähle nichts, lebe meine Fantasie aber aus. Nicht in meinem Schlafzimmer, sondern vielleicht in einem Bordell oder auf einer Geschäftsreise mit einem Menschen, den ich an der Bar kennengelernt habe. Wie die Frau aus Köln aus dem Beispiel, die gern Klapse auf den Hintern bekam.

Der Betrug ist dann da – und exakt in dem Moment fange ich an, das Fundament auszuhöhlen, der Beziehung einen kurz-, mittel- oder langfristigen Schaden zuzufügen und sie zu zerstören. Davon auszugehen, dass man seine Fantasie mit einem anderen Menschen ausleben kann und die Beziehung mit dem eigentlichen Partner aufrechtbleibt, funktioniert also ebenfalls nicht.

Wenn ich auf die Bodenplatte des Fundaments einschlage, bekommt sie Risse, die sich aufs Haus übertragen. Und irgendwann kann ich es nicht mehr verbergen, ich verändere mich in meiner Persönlichkeit, reagiere gereizt, entferne mich innerlich von meinem Partner. Und der stellt nach einer Weile fest: »Du bist überhaupt nicht mehr ansprechbar. Du kommst abends spät nach Hause, und um die Kinder kümmerst du dich auch nicht mehr.«

Und irgendwann platzt mir die Hutschnur, und ich sage: »Es geht mir hier nur noch auf den Geist. Ich gehe.« Warum? Weil ich mich schon längst verabschiedet habe. Tschüss habe ich schon gesagt, ich war nur noch nicht gegangen.

Das Ergebnis jedenfalls ist immer das gleiche. Fantasie unterdrücken geht nicht. Ausleben mit anderem Partner führt unweigerlich in den Betrug und zum Aus.

Bleibt nur ein Weg: Ich offenbare meine Leidenschaft und gehe ein einziges Mal das Risiko ein, dass mein Partner sagt: »Du bist das größte Schwein aller Zeiten.« Sollte das der Fall sein, ist das Ergebnis aber immer noch das gleiche wie bei Weg eins und Weg zwei, du hast nur den Fast Track genommen. Doch dann kannst du dir immer noch einen neuen Partner suchen, die Verletzungen sind noch nicht so gravierend. Aber – und das ist gar nicht so unwahrscheinlich, wenn dich dein Partner liebt – es gibt ja auch noch die Möglichkeit, dass dein Partner sagt: »Deine Fantasie gefällt mir.« Dann hast du die Chance, deine Fantasie auszuleben und deine Liebe zu behalten. Du hast dann – bei dem einmaligen Eingehen des Risikos der Ablehnung – ein tragfähiges Fundament geschaffen für etwas Dauerhaftes, in dem du dich wohlfühlst und dich entwickeln kannst.

Die Offenbarung gegenüber dem Partner zu einem frühen Zeitpunkt zeigt auch, dass du Verantwortungsgefühl hast. Denn am Ende des Tages geht es nicht nur um dich. In dem Moment, in dem du jemanden betrügst, vielleicht sogar jahrelang, weil du in einen SM-Klub gehst und nichts erzählst, schädigst du dich selbst, weil du ein Schattendasein führst – aber auch deine Mitmenschen, die ja deine Liebsten sind. Diesen ganzen Schmerz kannst du über den Fast Track vermeiden. Selbst wenn du moralisch keine Skrupel hast zu betrügen – wenn du Verantwortungsbewusstsein besitzt, scheidet der Weg aus.

Ich komme ja ursprünglich aus der Immobilienbranche. Und jeder weiß, wenn man ein Haus baut, muss das Fundament gut sein. Wenn du beim Fundament sparst – es gibt da genügend Puffer bei der Materialdichte, glaub mir –, ist das Haus eher einsturzgefährdet. Aber die Platte des Fundaments, die muss auch tragen, wenn du mal irgendwann ein Geschoss auf das Haus draufsetzt. Und ein Stockwerk mehr, das ist auf die Beziehung übertragen zum Beispiel ein Kind oder ein Wohnungskauf. Der Mann oder die Frau macht Karriere. Man ist eine Zeit lang räumlich getrennt voneinander, und die Belastung in der Ehe steigt. Die Frage ist dann: Hast du deine Bodenplatte solide gebaut oder nicht? Die zweite Frage ist: Wofür baust du deine Bodenplatte? Für ein kleines Häuschen, aus dem du schnell wieder ausziehen willst, wenn du ein neues Haus findest? Oder für ein Einfamilienhaus mit der Möglichkeit, noch etwas anzubauen oder ein Dachgeschoss obendrauf zu setzen? Wo willst du hin im Leben? Kleine Ziele, schwächere Bodenplatte. Große Ziele, starke Bodenplatte.

Die »Statik« einer Beziehung ist entscheidend. Wir haben uns während meiner Zeit in der Immobilienbranche eine Villa gekauft, ursprünglich ein Haus mit 150 Quadratmetern. Das wollten wir hochpimpen auf über 300 Quadratmeter mit Pool auf der Dachterrasse. Und das Erste, was mich ein Fachmann fragte, war: »Haben Sie geguckt, ob die tragenden Wände des Hauses überhaupt dafür ausgerichtet sind?«

Meine Antwort: »Nein, hab ich nicht.« Was für ein Fehler! Die Wände eines Hauses aus den Fünfzigerjahren sind normalerweise nicht dafür ausgelegt, dass da ein paar Jahre später irgendein Hirni (ich) mit ganz viel Geltungsbedürfnis daherkommt und sich einen Pool obendrauf stellen will. Da brauchst du vorher einen Statiker, der ausrechnet, ob unten die letzte Säule noch trägt, wenn du oben 25 000 Kilo draufgibst. Das ist für mich das Urbild einer Beziehung: Wie viel Stahlbeton hast du verbaut? Wie viel Erschütterung hält deine Liebe aus? Wir hatten damals Glück: Unser Haus hielt den Umbau aus, weil Jahre zuvor jemand tolles Material verwendet und sich Gedanken gemacht hatte. Ob Häuser ebenso wie Beziehungen zu der Zeit auf besserem Fundament gebaut waren, sei mal dahingestellt.

Wenn du ein großartiges Leben führen willst mit einer stabilen Beziehung, kommst du deshalb nicht drum herum, in den Anfang zu investieren. Jemandem eine verborgene Fantasie zu offenbaren ist unangenehm. Ein entscheidender Punkt ist für mich: Es wird nicht angenehm. Ich kann es auch nicht schönreden. Es wird wohl niemals den richtigen Zeitpunkt geben. Jeder Zeitpunkt, den du dir aussuchst, wird doof sein. Stell dich drauf ein, einen schrägen Blick von deinem Partner zu kriegen. Falls nicht, wirst du die Ablehnung im Blick in dem Moment wahrscheinlich hineininterpretieren. Wenn du aber die Entscheidung getroffen hast, ein großartiges Leben zu führen, und die Folge daraus ist, dass du dein Beziehungsfundament stark gründen willst, wirst du um den Punkt nicht herumkommen, über deine dunkle Seite zu sprechen. Wird der Zeitpunkt angenehm? Nein. Musst du den Dialog trotzdem führen? Ja.

Männer fallen über Sexgeschichten

Männer sind übrigens doppelt aufgefordert, ihre geheimen Leidenschaften mit ihren Frauen zu teilen. Warum? Gerade Männer schaffen es immer wieder, sich mit außerehelichen oder -partnerschaftlichen Ausflügen zu ruinieren. Geschichten wie die des Formel-1-Managers Max Mosley oder des Ex-US-Präsidenten Bill Clinton belegen, dass es Männer ihre gesamte Reputation kosten kann und sie ihr Lebenswerk beschädigen, wenn sie diese Pfade betreten.

Männer kommen durch Sex zu Fall, egal aus welcher Schicht sie kommen. Dieses Buch ist nicht dazu da, zu verurteilen oder einzelne Geschichten noch mal aufzurollen, ich will nur klarmachen und einmal deutlich sagen, dass ein sexueller Fauxpas den Ruf nachhaltig schädigt, während anderes Fehlverhalten wie etwa Steuersünden von der Gesellschaft zwar nicht goutiert, aber auch schnell wieder vergessen werden. Uli Hoeneß etwa ist seit der Verbüßung seiner Haftstrafe wieder als Präsident des FC Bayern München tätig.

Sex ist für Männer eine Versuchung, wir sind für weibliche Reize empfänglich. Deshalb gebe ich manchmal den pragmatischen Rat, sich einer Situation zu entziehen, wenn man seine Partnerschaft nicht aufs Spiel setzen will. Sex ist ein flüchtiges Erlebnis, zu dem man sich manchmal auch – im wahrsten Sinne des Wortes – flüchtig verhalten sollte. Das rate ich normalerweise nicht, aber manchmal ist sich umzudrehen und die Situation zu verlassen das Beste, was du als Mann machen kannst. Für deine Partnerschaft. Für ein gutes Gewissen. Für ein unbeschädigtes Leben, auf das kein Fremder Druck ausüben kann. Sex auf fremden Pfaden macht uns Männern das Hirn wuschig, wie wir Kölner sagen. Unsere Entscheidungen sind nicht mehr klar, Mann kommt in ein Gefühlschaos und unter Umständen in eine Abhängigkeit. Und wer in eine Abhängigkeit gerät, kann auch unter Druck gesetzt werden.

Wir können uns auch spät noch offenbaren

Am Anfang des Kapitels habe ich versprochen, die Geschichte mit dem jungen Mann aus meinem Kurs an späterer Stelle »aufzuklären«. Mach ich jetzt: Er hat sich damals für die solide Bauweise seiner Ehe entschieden. Er überwand sich und erzählte seiner Zukünftigen von seiner geheimen Leidenschaft. Die er am Ende aber gar nicht mehr brauchte. Etwas vermeintlich Verbotenes ist bei Licht betrachtet ja oft gar nicht mehr so reizvoll. Sein Konsum von Pornografie halbierte sich zunächst, weil er ja »erlaubt« war. Und hörte irgendwann ganz auf. Ich denke, die beiden haben heute einen sehr guten, gemeinsam ausgelebten Eros.

Und dann ist noch eine weitere Frage offen: Warum konnten meine Frau und ich uns irgendwann doch noch von unseren geheimen Leidenschaften erzählen, wo wir es am Anfang aus Scham nicht über uns bringen konnten? Das wird einigen Menschen vielleicht komisch vorkommen, aber ich bin Pastor und meine Frau ist gläubig groß geworden. Das verbindende Element bei uns war der Glaube. Und das ganze Evangelium steht im übertragenen Sinne unter der Überschrift: Annahme. Jesus liebt dich. Wenn wir verstehen, welche Kraft im Evangelium steckt – dass wir angenommen sind, egal was wir tun –, werden wir im logischen Schluss mutiger und unerschrockener, weil wir keine Angst mehr haben und nicht mehr von der Sorge gepeinigt werden, was der andere über uns denken könnte. Was soll ich tun, wenn was schiefgeht? Weil wir angenommen sind, konnten meine Frau und ich irgendwann auch unsere Geheimnisse teilen – und unsere Beziehung wurde stärker. Sie überlebte auch meinen persönlichen Crash, nach dem Leute auf Maja zukamen und meinten, jetzt sei doch ein guter Zeitpunkt, mich zu verlassen, weil ich kein Geld und keinen Status mehr hatte.

Daran sieht man: Wir können in Beziehungen also im Gegensatz zu Häusern auch noch im Nachhinein Baumaterial ins Fundament einbringen. Aber auch wer nicht gläubig ist, kann nach Jahren der Geheimniskrämerei noch was für seine Beziehung tun. Nämlich, sich zu fragen: »Habe ich Hoffnung?« Denn wenn du Hoffnung hast, kannst du auch den Mut des Erzählens auf dich nehmen. Und auf die De-Mut des Zuhörers hoffen.

Liebesgeheimnis 2
auf einen Blick

♥ **Investiere ins Fundament deiner Beziehung**
Um eine tragfähige Beziehung führen zu können, muss das Fundament gut gelegt sein. Wer mit Geheimnissen in eine Partnerschaft geht und glaubt, seine Fantasien entweder unterdrücken zu können oder sie mit jemand anderem auszuleben als seinem eigenen Partner, ist nicht auf dem richtigen Weg. Es

gibt nur die Option, seiner Liebe von seinen Fantasien zu erzählen. Auch auf die Gefahr hin, dass sich
der Partner abwendet. Dann aber hat man sich – wenn
man die Wünsche zu einem frühen Zeitpunkt offenbart – viel Zeit gespart und vielen Verletzungen vor-
gebeugt. Wichtig: Fantasien sind Schattengewächse,
sie gedeihen im Verborgenen und treiben dort viel
mehr Blüten als bei Licht.

♥ Eigen-Arten und Persönlichkeit voneinander trennen

Du kannst in allen Bereichen ein liebenswerter
Mensch sein, du kümmerst dich wundervoll um die
Kinder, ermutigst deinen Partner, sich zu entwickeln,
bringst ausreichend Geld zum Leben nach Hause.
Aber in dem Moment, wo du deinem Partner sagst:
»Ich habe diese oder jene Vorliebe im Bett«, kann es
schwierig werden. Das ist wie ein Persönlichkeits-
kahlschlag.

Das müssen wir ändern. Wir müssen ein Bewusstsein dafür schaffen, dass es im Leben verschiedene
Bereiche gibt, in denen wir Menschen unterschiedlich
ticken. Für eine einzelne Sache darf keine Verurteilung stattfinden, sie macht nicht den ganzen Menschen aus.

**♥ Mut für den, der erzählt, De-Mut für den,
der zuhört**

Es gibt den aktiven Part, der etwas erzählen will. Der fasst sich ohnehin ein Herz. Er braucht keine Tools, um sich preiszugeben. Er hat es deshalb schon schwer genug. Wichtig ist daher das Verhalten desjenigen, der von den Wünschen des anderen erzählt bekommt. Er verurteilt nämlich unter Umständen den Erzähler. Der Zuhörende sollte eine Atmosphäre schaffen, in der es dem anderen möglich ist, sich zu öffnen. Sich selbst sollte man beim Zuhören immer wieder mahnen, nicht zu verurteilen. Es wird eine Zeit kommen, da ist man selbst an der Reihe zu erzählen.

Übungen

Ermutigung

Ermutige deinen Partner, zu dir zu kommen, wenn er etwas auf dem Herzen hat. Es geht darum, aus freien Stücken heraus zu signalisieren: »Ich bin für dich da. Was auch immer es ist, ich höre dir zu – und ich werte nicht.« Wenn man Teil eines Paares ist, geht man zwar irgendwie davon aus, dass dem so ist. Man hat eine vertraute Beziehung. Aber aussprechen tun das dennoch die wenigsten. Die Zusicherung, nicht zu werten, wovon der andere träumt, trägt eine große Kraft in sich.

Rahmen schaffen

Vielen Menschen fällt es leichter, sich zu offenbaren, wenn sie einen Rahmen haben. Zum Beispiel das Buch *Die Wahrheit über uns*, das meine Frau und ich benutzt haben. Da werden viele Dinge aus dem Sexleben abgefragt, über die man dann reden kann. Ich bin sicher: Ihr werdet viel übereinander erfahren.

Macht einen Vertrag und stellt euch Sexfragen

Jeder schreibt die Zusicherung auf ein Blatt Papier, das, was der andere einem anvertraut, nicht zu werten. Und ernsthaft darüber nachzudenken, ob die Sexfantasie des Partners auch etwas für einen selbst sein könnte.

Um dem Ganzen noch etwas mehr Würze zu verleihen, wäre es schön, wenn jeder fünf Fragen auf Zettel schreibt (die ihr anschließend aus einer Lostrommel zieht), die der andere ehrlich beantworten muss. Am Ende des Abends könnt ihr die Zettel dann verbrennen, der Vertrag aber bleibt bestehen.

Liebesgeheimnis 3

Lerne die Liebessprache deines Partners

Sprache ist für uns Menschen das wichtigste Medium. Wir brauchen sie, um uns verständlich zu machen. Normalerweise laufen sprachliche Prozesse im Unterbewusstsein ab, sie sind alltäglich. Bewusst machen wir uns Sprache erst, wenn wir zum Beispiel verreisen wollen: Zur Vorbereitung auf einen Trip surfst du vermutlich auf Reisewebseiten oder gehst in die Buchhandlung und besorgst dir einen Reiseführer, um zu verstehen, wie die Menschen in dem Land ticken, das du bereisen willst, und um Gewohnheiten und Kultur der Einheimischen kennenzulernen. Hinten in jedem Reiseführer sind immer die wichtigsten Sätze in der Landessprache aufgeführt. Wer ein Land zum ersten Mal besucht, braucht diese wichtigen Sätze, mit denen er oder sie über die Runden kommt.

Ein anderer Mensch ist im übertragenen Sinn wie ein fremdes Land. Wer eine Art »Betriebsanleitung« für sein

Gegenüber hat und sich in dessen »Landessprache« ausdrücken kann, wird sich dort besser zurechtfinden als
ohne die Basisvokabeln, er wird dort eher willkommen
geheißen. Denn die andere Seite wird die Bemühungen
begrüßen, das Fremde kennenlernen zu wollen – und es
ebenso zurückgeben. Eine Glücksspirale, die ausschließlich nach oben zeigt.

Bei den Sprachen der Liebe, die leider kaum jemand
kennt, geht es darum, die »Vokabeln« kennenzulernen,
die dein Partner benutzt, um sich geliebt und angenommen zu fühlen. Nicht jeder Mensch spricht auf alles gleich
an. Die Sprachen der Liebe des Gegenübers zu kennen
hilft uns dabei, einander zu verstehen. Die ersten fünf
Liebessprachen – Lob und Anerkennung, Zweisamkeit,
Zärtlichkeit, Geschenke und Hilfsbereitschaft – gehen auf
den amerikanischen Paartherapeuten Gary Chapman zurück. Ich werde sie gleich noch näher beschreiben. Ich
habe sie um eine sechste Sprache ergänzt, weil ich der
Meinung bin, dass fünf Sprachen der Liebe inzwischen
nicht weit genug gehen beziehungsweise der Komplexität
unseres modernen Lebens nicht gerecht werden. In meinen Beratungsgesprächen stelle ich immer wieder fest,
dass vielen Menschen Zeit für sich fehlt. Jemandem Zeit
mit sich selbst zu schenken wird gerade von Menschen in
der sogenannten Rushhour des Lebens, in der man sich
um Kinder, Karriere und Partnerschaft gleichermaßen

kümmern soll, unglaublich wertgeschätzt. Das ist meine Liebessprache Nummer sechs. Warum sie so wichtig ist, werde ich im letzten Teil des Kapitels erklären.

Wenn wir unseren Partner kennenlernen wollen, müssen wir bereit sein, sein Land zu erkunden, wir müssen uns nach der Verliebtheit, wo man sowieso alles am anderen toll findet, bewusst für die Liebe entscheiden. Wenn du lediglich auf der Durchreise bist oder nur einen Zwischenstopp machen möchtest, wirst du kein Interesse daran haben, den »Reiseführer« deines Partners durchzublättern. Auch diesen Text nur ein einziges Mal zu lesen, wird dir nichts bringen, wenn du nicht übst und das Gelesene anwendest, das muss ich leider sagen. Nur zu lesen ist so, als würdest du im Ausland in der Landessprache etwas einkaufen wollen: Obwohl du theoretisch weißt, wie ein bestimmtes Wort heißt oder wie ein Satz gebildet wird, versagt deine Zunge bei der Bestellung oder der kleinsten Nachfrage. Deshalb gilt: Du musst die Sprache der Liebe deines Partners sprechen lernen – und du musst sie üben wie eine Fremdsprache in der Schule. Das Gute ist: Je mehr du praktizierst, umso besser werden deine Ergebnisse.

Die sechs Sprachen der Liebe

1. Lob und Anerkennung

Worte sind wichtig. Das wird besonders bei dieser ersten Liebessprache deutlich. Eine Aufmunterung, ein Lob, eine Ermutigung oder ein Kompliment können Menschen über Tage und Wochen tragen, wenn sie auf diese Sprache der Liebe ansprechen. Sie fühlen sich geliebt.

2. Zweisamkeit

Nichts ist für diese Menschen wichtiger als Zeit zu zweit. Dabei geht es nicht um gemeinsam verbrachte Stunden vor dem Fernseher, sondern um Quality Time, in der man sich darüber austauscht, was einem wichtig ist. Oder in der man etwas zusammen unternimmt. Die Aktivität an sich – ob es ein Spaziergang oder ein Konzertbesuch ist – spielt dabei fast keine Rolle. Wichtig ist das Zusammensein und das gemeinsame Erleben.

3. Zärtlichkeit

Hier geht es um Sex. Aber nicht in erster Linie. »Zärtlichkeitsmenschen« beflügelt schon eine kleine Berührung am Arm oder ein Streichen über den Rücken. So spüren sie die Liebe ihres Partners. Und geben ihrerseits Liebe zurück.

4. Geschenke

Ein Strauß Blumen am Wochenende, eine Uhr zum Geburtstag, ein kleines Mitbringsel aus dem Supermarkt, etwas Selbstgebasteltes als Zeichen der Wertschätzung – diese Liebessprache kann auf viele Weisen gesprochen werden. Wer Geschenke mag, wird auf jede dieser Varianten ansprechen, denn es sind sichtbare Zeichen der Liebe. Auch die persönliche Gegenwart in einer Krise kann ein großes Geschenk sein.

5. Hilfsbereitschaft

Rasen mähen, den Müll an die Straße stellen, seinem Partner mit Einkäufen den Rücken freihalten, wenn der etwas lernen muss. Für Menschen, die auf Hilfsbereitschaft ansprechen, kommt Hilfe so an wie das Streicheln über den Kopf bei einem Zärtlichkeitsmenschen oder eine gemeinsame Aktivität bei jemandem, der auf Zweisamkeit anspricht.

6. Zeit allein

Ich habe Gary Chapmans Liste noch um einen weiteren Punkt ergänzt. Die Zeit, die jeder für sich braucht. Immer mehr Menschen sprechen darauf an, weil es immer wichtiger wird, zu reflektieren und Zeit genug zu haben, unseren komplexen Alltag einzusortieren. Eine Stunde allein kann da Wunder wirken. Diese Menschen lieben ihren Partner umso mehr, wenn er es ihnen ermöglicht,

Zeit mit sich allein verbringen zu dürfen. Denn schon Pippi Langstrumpf hat gesagt: »Und dann muss man ja auch noch Zeit haben, einfach dazusitzen und vor sich hin zu schauen.« Diese Zeit der Einkehr nehmen sich inzwischen leider die allerwenigsten.

Auf welche Liebessprache reagierst du?

Hat dich spontan eine der Liebessprachen angesprochen? Das kann richtig sein, muss es aber nicht. Gerade Männer tappen oft in die Zärtlichkeitsfalle. Sie denken, Sex sei ihre Liebessprache, aber wenn man dann fragt: »Wenn du die ganze Zeit mit deiner Frau oder Freundin schlafen könntest, sie würde dich aber immerwährend kritisieren – würdest du das wollen?« Da ist die Antwort dann oft »Nein«, weil Lob und Anerkennung eventuell doch wichtiger sind als Sex. Wir werden gleich noch einen Liebessprachentest machen, damit du genau herausfinden kannst, welcher »Typ« du bist.

Meine eigenen Sprachen der Liebe zum Beispiel sind Lob und Anerkennung und Zärtlichkeit. Ich bin in keinem liebevollen Elternhaus groß geworden. Meine Mutter hat mich in der Kindheit misshandelt, es kam vor, dass sie mich in der Nacht weckte und mir einen Eimer Wasser über den Kopf goss oder mich schlug. Später in meinem Leben konnte ich dann gar nicht genug von Zärtlichkeiten bekommen, weil ich mich so angenommen fühlte. Ich hatte in meiner Kindheit einfach nicht erfahren, dass Menschen liebevoll miteinander umgehen oder sich zärtlich anfassen. Ich bin mit 14 Jahren von zu Hause weggegangen und bei meiner Großmutter aufgewachsen. Meine Mutter habe ich nie wiedergesehen.

Dennoch bin ich eigentlich ein untypischer Fall. Normalerweise sprechen Menschen auf Zärtlichkeiten an, die in der Kindheit gesehen haben, wie ihre Eltern liebevoll miteinander umgegangen sind. Studien zeigen, dass es Menschen messbar leichterfällt, Körperlichkeit zuzulassen, wenn sie das auch bei ihren Eltern gesehen und kennengelernt haben. Das ist übrigens unter anderem unsere Aufgabe als Eltern: unseren Kindern zu zeigen, dass wir ihre Mama oder ihren Papa gern haben, damit die Kinder in einem gesunden Umfeld aufwachsen. Wenn nämlich Kinder sehen, dass Mama und Papa sich küssen oder innig umarmen, können sie später selbst auch Liebe zeigen. Wir lernen eben anhand von Beispielen.

Meine Liebessprachen sind wie gesagt Zärtlichkeit sowie Lob und Anerkennung. Das bedeutet in der Praxis: Davon kann ich nicht genug bekommen. Die anderen Liebessprachen spielen bei mir eine eher untergeordnete Rolle. Geschenke zum Beispiel sind mir nicht so wichtig. Ich freue mich über eine Aufmerksamkeit zum Valentinstag, aber es müsste auch nicht sein, ich würde auch ohne das Geschenk gut zurechtkommen. Zur Hilfsbereitschaft:

Ich freue mich, wenn man mir beim Umzug hilft oder meine Frau mir beim Schreiben einer Predigt über die Schulter guckt und mir einen Rat gibt, wenn etwas nicht ganz stimmig ist, aber es ist für mich verzichtbar. Und Zweisamkeit? Nehme ich mir immer wieder mit meiner Frau, wir lassen uns auch öfter mal von einem Babysitter aushelfen, damit die Beziehung nicht versandet. Aber ich brauche es auch sehr, mal allein mit meinen Gedanken um den Weißen See zu gehen, auf den ich aus meinem Fenster schauen kann, oder ich schalte mal ab bei einem Hörbuch, wenn die Kinder schlafen. Wenn aber eine meiner Hauptsprachen wegfällt, ich also kein Lob mehr bekomme, keine Anerkennung oder Berührungen fehlen, fängt mein Motor an zu stottern. Dann gerät in mir etwas aus dem Gleichgewicht. Gott sei Dank kennt meine Frau den Schlüssel zu meinem Glück, sodass mein Liebestank, von dem auch Gary Chapman in seinem Buch spricht, immer gut gefüllt ist.

Jeder Mensch spricht andere Sprachen der Liebe. Meine Frau zum Beispiel ist ganz anders aufgewachsen als ich. Sie kommt aus einem liebevollen Elternhaus, und sie spricht auch auf etwas anderes an als ich: Zweisamkeit. Wenn ich mit ihr Zeit zu zweit verbringe, fühlt sie sich unglaublich geliebt. Ich bemühe mich also, auf sie einzugehen. Immer montags nehmen wir uns den Vormittag nur für uns. Dann reden wir. So zeige ich ihr meine Liebe. Wer sagt, dazu habe er keine Zeit, dem muss ich leider erwidern, dass es von unschätzbarem Wert ist, in den anderen zu investieren und dessen Liebestank aufzufüllen (siehe Liebesgeheimnis 1: Mach deinen Partner groß). Der andere wird sich bemühen, das auch bei einem selbst zu tun. Win-win für alle.

Liebessprachen nutzen sich übrigens nie ab. Wenn jemand »Lob und Anerkennung« spricht, wird es ihm auch niemals langweilig, gelobt zu werden. Oder wenn jemand Zärtlichkeit mag: Glaubst du, derjenige könnte genug von Berührungen bekommen? Wohl eher nicht.

Teste deine Sprache der Liebe

Wichtig zu wissen ist natürlich, welche Liebessprachen du selbst sprichst. Mit diesem kurzen Test auf den folgenden Seiten findest du es heraus. Ihn auszufüllen ist wichtig, weil du dieses Gebot dann schon mit anderem Wissen liest. Er ist leicht und macht Spaß, und du kannst ihn mit deinem Partner zusammen machen, jeder macht seine Kreuzchen in einer anderen Farbe. Wenn ihr Lust habt, könnt ihr danach gleich darüber sprechen.

Aber auch wenn du Single bist, ist der Test sinnvoll. Die eigene Liebessprache zu kennen, ist nie von Nachteil. Das Wissen über sie wird dir bei deiner nächsten Beziehung helfen. Liebe fängt schließlich immer mit Kommunikation an, im verbalen und im nonverbalen Bereich.

Wenn du von dir selbst weißt, was du magst und auf welche Sprachen du besonders ansprichst, machst du es dem anderen leichter, dich kennenzulernen. Denn wenn man sich mehr erzählt, entsteht mehr Vertrauen – und mehr Vertrauen wiederum ist die Grundlage für tiefere Liebe.

Vielleicht hast du in der Vergangenheit schon andere Bücher zum Thema Persönlichkeitsentwicklung gelesen und hast gemerkt: In dem Moment, in dem du es liest, sind dir die Dinge vollkommen klar, aber dann verändert sich das Leben doch nicht so, wie du es dir gewünscht hast. Das liegt daran, dass wir frei entscheiden können, wie tief wir in manche Dinge eintauchen. Wenn du jetzt einen Unterschied machen willst und *Was Paare glücklich macht* nicht eins der Bücher werden soll, das du liest und dann in den Schrank zurückstellst, ohne dass sich was verändert, dann lege ich dir ans Herz: Mach diesen Test jetzt gleich und verschiebe das Ausfüllen nicht. Heute ist der Tag für diesen ersten Schritt.

Liebessprachentest

Bitte mache ein Kreuz hinter die Aussagen, die auf dich zutreffen.

Ich fühle mich eher geliebt, wenn ...

.... mein Partner mir hilft, wenn ich müde oder erschöpft bin. (H)		
... mein Partner mich bei verrückten/neuen Ideen ermutigt. (L)		
... ich nach der Arbeit erst mal für mich bin. (A)		
... mein Partner und ich uns häufig intensiv berühren. (I)		
... mein Partner mich mit einer Kleinigkeit überrascht. (G)		
... wir im Urlaub auch mal was getrennt voneinander unternehmen. (A)		
... mir mein Partner ein Kompliment über meinen Style macht. (L)		
... mein Partner sich die Zeit nimmt, mir wirklich zuzuhören und meine Gefühle zu verstehen. (Z)		
... mein Partner am Wochenende keine Anforderungen an mich stellt. (A)		
... mein Partner seinen Worten Taten folgen lässt. (H)		
... ich mich durch eine lange Umarmung mit meinem Partner verbunden fühle. (I)		
... mein Partner an besonderen Tagen (Geburtstag, Valentinstag etc.) mit einer Aufmerksamkeit an mich denkt. (G)		

... mein Partner den Wocheneinkauf übernimmt. (H)		
... mein Partner sonntags die Kinder nimmt und ich zum Sport gehen kann. (A)		
... mein Partner mich bei guten Vorsätzen unterstützt. (L)		
... mein Partner merkt, dass ich überlastet bin, und mir ohne Aufforderung hilft. (H)		
... mein Partner mir sagt, dass er mich oder Dinge an mir wertschätzt. (L)		
... ich meine Serie im Fernsehen allein schauen kann. (A)		
... mein Partner mir auch für »Alltägliches« Wertschätzung entgegenbringt. (L)		
... ich mit meinem Partner Händchen halten kann. (I)		
... wir nebeneinander im Lieblingscafé sitzen und jeder ein Buch lesen kann. (Z)		
... ich ein hochwertiges Geschenk bekomme. (G)		
... wir uns umarmen. (I)		
... mein Partner mir einen gemeinsamen Abend im Hamam schenkt. (Z)		
... mein Partner mich nicht unterbricht, sondern mich aussprechen lässt. (Z)		
... mein Partner sich nicht an die Einkaufsliste hält und mir noch eine Kleinigkeit aus dem Supermarkt mitbringt. (G)		
... mein Partner mich fragt, was mir guttun würde. (H)		
... mein Partner mich bei meinen Projekten unterstützt. (H)		
... mein Partner mir über den Tag verteilt kleine Nachrichten schickt. (L)		

... mein Partner mir abends nach Feierabend eine kleine Massage gibt. (I)		
... ich mit meinem Partner Dinge unternehmen kann. (Z)		
... mein Partner nach meinen Projekten fragt und mich ermutigt. (L)		
... mein Partner und ich uns auch in der Öffentlichkeit berühren. (I)		

Stell dir vor, du kommst von einem genialen Arbeitstag nach Hause – was würde dir am besten gefallen?

Ich komme gar nicht nach Hause, weil mein Schatz mich abholt und wir spontan Heißluftballon fahren gehen. (G)		
Ich lege mich mit meinem Buch auf die Couch und genieße die Ruhe. (A)		
Ich gehe zum Sport. (A)		

Stell dir vor, heute hat nix geklappt, es war ein stressiger Tag – was tut dir jetzt besonders gut?

Einfach im Arm des/der Liebsten liegen. (I)		
Kopfhörer in die Ohren und ab zum Sport. (A)		
Ein gutes Gespräch bei einem guten Getränk mit meinem Partner. (Z)		

Der total perfekte (niemals zu erreichende) Urlaub sieht für dich so aus:

Ich verbringe viel Zeit in Harmonie mit meinem Partner. (Z)		
Für mich sein, meditieren, Yoga, lesen. (A)		
Ich engagiere mich sinnvoll in Projekten vor Ort. (H)		

Du hast bald Geburtstag – wie feierst du am liebsten?

Egal mit wem, Hauptsache, das Geschenk ist fett. (G)		
Drei enge Freunde, der Rest ist mir (fast) egal. (Z)		
Am besten 'ne große Party. (L)		

Du hast ein Gespräch mit einem guten Freund/ einer guten Freundin – was magst du besonders bei solchen Treffen?

Eine herzliche Umarmung zu Beginn. (I)		
Nachfragen des Gegenübers, wo ich gerade stehe, was gerade bei mir los ist. (H)		
Wenn er/sie am Ende die Rechnung übernimmt. (G)		

Wenn du einen Gutschein für einen Monat frei hättest – was würdest du aussuchen?

Einen Proficoach an meiner Seite, zur Visionsfindung Ermutigung, Dinge auszuprobieren. (L)		
Ich darf alle (unliebsamen) Aufgaben wie Haushalt oder Erledigungen outsourcen. (H)		
Jeden Tag kommt mit dem Kurier ein Geschenk an meine Tür. (G)		

Auswertung:

Welche Buchstaben kommen bei deinen Antworten am häufigsten vor?

H = Die Sprache der Hilfsbereitschaft

Z = Zweisamkeit und ungeteilte Aufmerksamkeit

A = Zeit für mich allein

I = Intimität (Zärtlichkeit)

G = Geschenke

L = Lob und Anerkennung

Es gibt zwei bis drei Hauptsprachen der Liebe. Bei den Buchstaben mit den meisten Markierungen hast du eine »Lieblingsliebessprache«, das bedeutet, wenn sie gesprochen wird, fühlst du dich am meisten angenommen und geliebt. Werden deine ersten zwei oder drei Liebessprachen gesprochen, sind in der Regel 80 Prozent Wohlfühlfaktor erreicht.

Brutal ist es umgekehrt: Spricht jemand mit dir die anderen drei bis vier Liebessprachen von Platz vier bis sechs, erreichen wir damit in der Regel nur 20 Prozent Zufriedenheit – nicht weil es nicht schön ist, aber es ist eben nicht unsere Liebessprache.

Die Liebessprachen in der Praxis

Jetzt kennst du deine Liebessprache, solltest aber nicht den Fehler machen, diese auf deinen Partner zu übertragen. Das ist eine Falle, in die viele tappen: Bekomme ich selbst gern Geschenke, bin ich, ohne es zu merken, wahrscheinlich in Versuchung, meinem Partner dann und wann ein Präsent mitzubringen, um ihm meine Liebe zu zeigen. Ich selbst würde mich schließlich geliebt fühlen, wenn man mir etwas mitbrächte. Logisch, dass ich das dann auch so mache. Ein kleines Beispiel zur Verdeutlichung, wie man aneinander vorbeilieben kann:

Eine Frau sagt zu ihrem Mann nach dem Scheidungstermin: »Es ist gut, dass es vorbei ist. Denn deine Liebe hast du mir nie gezeigt.« Der Mann, der immer noch nicht ganz über die Trennung hinweg ist, ist fassungslos. Hat er ihr nicht regelmäßig etwas mitgebracht in all den Jahren? Das schon, aber er wusste nicht um die

Liebessprache seiner Frau. Er hat versäumt, diese zu erlernen, weil er seiner Partnerin nie zugehört und sich auch nie in sie hineinversetzt hat. Sie hätte sich statt einer neuen Uhr mehr über eine Stunde Zeit gefreut, die er früher für sie aus dem Büro gekommen wäre. Ein kleiner Spaziergang um den See wäre ihr Glück gewesen. Geschenke bedeuten ihr nicht viel – im Gegensatz zu ihm, der unbewusst von seiner Liebessprache auf die seiner Frau geschlossen hat.

Jemand, der auf Zärtlichkeiten steht, ist aus dem gleichen Grund viel leichter versucht, dem anderen seine Berührungen »aufzudrücken«, obwohl der vielleicht ganz anders gepolt ist und nach der Arbeit nicht kuscheln, sondern duschen will, um runterzukommen. Und jemand, der sich nach Hilfsbereitschaft sehnt, weil er sich in der Kindheit vielleicht oft alleingelassen gefühlt hat mit seinen Problemen, wird eher darauf erpicht sein, seinem Partner schnell eine Lösung für dessen Sorgen anzubieten. Das ist beim Partner vielleicht aber gar nicht gewünscht. Der möchte seinem hilfsbereiten Gegenüber vielleicht einfach nur sein Leid klagen, ohne eine Lösung präsentiert zu bekommen, er möchte keine Hilfe, sondern braucht vielleicht Zärtlichkeit oder Lob.

Ich selbst dachte zum Beispiel, bevor mein Business zerbrach, immer, meine Frau spräche die Liebessprache

»Geschenke«. Ich hatte ihr immer mal wieder Aufmerksamkeiten mitgebracht, und sie freute sich jedes Mal sehr, auch über Kleinigkeiten. Als dann mein Geschäft in die Brüche ging, dachte ich, ihr könnten diese kleinen Geschenke vielleicht fehlen, ich hatte Sorge um die Beziehung. Ich habe Fälle erlebt, da ist bei einer Geschäftspleite nicht nur das Business zerbrochen, sondern die Ehe gleich mit. Die Annehmlichkeiten für meine Frau gingen ja tatsächlich verloren. Und noch etwas anderes brach weg für uns beide: Lob und Anerkennung von anderen, die uns bewundert hatten, als wir ein gut gehendes Immobiliengeschäft hatten und dazu noch ein Café. Als das alles zusammenbrach, sahen die Menschen nicht mehr zu uns auf, im Gegenteil, sie schauten auf uns herab. Die Geschenke für meine Frau waren also nicht mehr da, Lob und Anerkennung auch nicht. Aber was für ein Glück, meine Frau sprach auf keine der beiden Liebessprachen an. Der Verlust von Geld hatte sie überhaupt nicht tangiert. Ihre Liebessprache ist ja wie oben schon beschrieben die Zweisamkeit. Und davon hatten wir jetzt jede Menge.

Keiner sagt, dass es leicht ist, die Sprache des Partners sprechen zu lernen. Es ist wie der ständige Unterricht und das ständige Praktizieren einer Fremdsprache. Es muss viel Zeit investiert und viel gepaukt werden. Sonst ist man schnell als »Tourist« enttarnt, der sich mit der Sprache nicht richtig auseinandergesetzt hat. Am besten wird, wer jeden Tag lernt – und sich aktiv mit den Sprachen des Partners auseinandersetzt.

Ich wüsste zum Beispiel gern mal, wo ich heute – nach 17 Jahren Ehe – bei meiner Frau stehe. Spreche ich ihre Sprache gut genug, gemessen am gemeinsamen europäischen Referenzrahmen für Sprachen, mit dem das Sprachniveau festgestellt werden kann? Spreche ich A1, bin ich also noch ein blutiger Anfänger? Oder spreche ich schon B2, das wäre dann ein gutes mittleres Sprachniveau, mit dem ich auf einem Wochenmarkt im Ausland gut zurechtkäme. Oder bin ich schon Spitzenklasse und spreche C2 und kann somit alles, was ich bei ihr sehe, mühelos verstehen? Für eine gute Partnerschaft würde ich B2 auf jeden Fall empfehlen, in einer Fremdsprache versteht man dann schon komplexe Texte und kann sie sich erschließen. Das sollte bei der eigenen Frau oder dem eigenen Mann auf jeden Fall drin sein. Um eine gute Beziehung zu führen, ist es deshalb ungemein wichtig, offen miteinander über die Sprachen der Liebe zu reden. Auch wenn es schwerfällt, aber dieses Vertrauen, dieses Springen über den eigenen Schatten, ist ein Muss.

Die Liebessprache von Sören ist »Lob und Anerkennung«. Er kann nicht genug davon bekommen. Seine Freundin aber ist beruflich viel auf Reisen, und ihre Liebessprache ist »Zeit allein«. Auch weil in ihrem Job ständig Menschen etwas von ihr wollen und an ihr zer-

ren, ist sie froh, mal eine ruhige Minute mit sich selbst zu haben. Sören hätte nichts dagegen, wenn sie sich alle zwei Stunden von unterwegs melden und ihm sagen würde: »Ich vermiss dich, ich freu mich, wenn wir uns bald wiedersehen.« Er braucht, um ein gutes Gefühl zu haben, das Wissen, wo sie ist und was sie macht. Bei ihr wiederum löst es Druck aus, wenn sie das Gefühl hat, sich ständig melden zu müssen oder »kontrolliert« zu werden.

Dieses Dilemma kann aufgelöst werden, wenn es offen angesprochen wird. Es geht hierbei nicht darum zu erzwingen, dass der andere tut, was man selbst möchte, das muss ich hier auch noch mal ganz klar sagen. Es geht darum, dass der Partner das Herz des anderen kennenlernt – so gut wie möglich.

Sören könnte seiner Partnerin zum Beispiel offen von seinem Wunsch erzählen, dass sie sich öfter meldet, als sie es tatsächlich tut. Er könnte es so formulieren: »Ich sage dir das, damit du mich besser kennenlernst. Denn je mehr du die Tiefen meines Herzens kennst, desto leichter fällt es dir, dich auf mein Herz einzulassen. Und je mehr ich dir davon erzähle, was ich mir wünsche, desto weniger Unausgesprochenes, das gären könnte, steht zwischen uns. So schaffen wir eine stärkere Verbindung miteinander. Ich sage dir das deswegen so offen, damit nicht der Eindruck entsteht, du müsstest dich ab sofort öfter melden. Trotzdem solltest du wissen, was meine Liebessprache ist. Denn wenn du sie nicht mit mir sprichst, wird mein Liebestank nicht weiter aufgefüllt. Ich würde es aber lieben, wenn er weiter aufgefüllt würde.«

Das Problem ist nämlich: Wenn der Liebestank einer Person nicht aufgefüllt wird, geht sie über kurz oder lang emotional vor die Hunde – und wird sich aller Voraussicht nach etwas suchen, das diesen Liebestank kompensatorisch auffüllt. Meistens sucht man sich diese »Alternative« auf einem ähnlichen Sektor. Wenn ein Freund mich nicht mehr lobt, dann versuche ich unbewusst, mir einen anderen Freundeskreis aufzubauen, in dem ich gelobt werde. Und wenn es meine Frau oder mein Mann nicht tut, ist die logische Folge? Genau. Dann finde ich das Lob vielleicht bei einem Kollegen oder einer Kollegin im Büro.

Es gibt auch Menschen, die Lob und Anerkennung abstrahieren, die holen sich, was sie nicht zu Hause finden, im Job. Geld etwa ist eine Ersatzbefriedigung. Mit Geld kann man sich Lob und Anerkennung quasi kaufen. Dann lädt man Freunde in ein schickes Restaurant ein. Die huldigen einem dann und sagen: »Danke für das schöne Essen, danke, dass ich mit nach Mallorca fliegen durfte. Danke, danke, danke.« Aber für die einladende Person ist diese Anerkennung kompensatorisch. Eigentlich wollte er die von seiner Frau bekommen.

Der Anfang einer Beziehung

Ich bin mit meiner Frau seit 2005 verheiratet, und natürlich war es auch bei mir am Anfang so wie bei den allermeisten Menschen, die jemanden für sich gewinnen wollen: Ich habe (unbewusst) versucht, alle Liebessprachen zeitgleich zu sprechen. Wir verabredeten uns zu Rendezvous, machten lange Spaziergänge, zu denen ich Maja auch den ein oder anderen Blumenstrauß mitbrachte.

Dass die Liebessprache des anderen Quality Time ist, setzen wir am Anfang also voraus, man muss sich ja auch verabreden, um sich kennenzulernen, klar. Aber Zeit zu zweit ist nicht die einzige Sprache der Liebe, auf die wir zu Beginn einer möglichen Partnerschaft setzen: Wir geben alles, was wir haben. Unreflektiert sprechen wir den Partner mit allen Sprachen der Liebe an, die uns zur Verfügung stehen. Er bringt ihr oft Geschenke mit, das neue Paar verbringt gemeinsame Zeit während eines Ausflugs in eine fremde Stadt, sie hilft ihm, endlich die Diplomarbeit fertigzustellen, und sie gehen zusammen ins Bett, so oft es geht.

Zu Beginn geben wir also Vollgas. Interessant werden die Liebessprachen, wenn die Beziehung länger läuft. Was passiert dann nämlich in den meisten Fällen? Wir reduzieren unser Investment! Gemeinsame Restaurantbesuche werden seltener, die Blumen werden nicht mehr sofort ersetzt, sobald die ersten Blüten des alten Straußes welk geworden sind. Im Finanzbereich würde man sagen: Die Investitionsquote geht nach dem Zusammenkommen mit dem Partner massiv nach unten. Warum? Weil wir den Partner vermeintlich sicher haben. Das Ziel ist erreicht. Wir sind wie ein Flugzeug, das unglaublich viel Schub braucht, um abzuheben und in den siebten Himmel zu reisen. Aber wenn wir dann auf der Reiseflughöhe angekommen sind, kommen wir mit weniger Motorkraft aus. Doch ein Mindestmaß an Schub braucht man eben trotzdem immer, sonst stürzt das Flugzeug ab.

Das zweite Ziel in der Beziehung

Bleiben wir noch eine Sekunde bei dem Beispiel mit den Flugzeugen: Wenn die ganz lange unterwegs sind, werden sie sogar in der Luft betankt. Wenn du eine lange Zeit mit deinem Partner zusammen bist oder zum Beispiel in einer Fernbeziehung lebst, dann musst du in der Partnerschaft im übertragenen Sinn eine Luftbetankung hinlegen. Manchmal kann man nämlich nicht zwischenlanden, um Sprit nachzufüllen. Manchmal kann man auch nicht auf dem Flugplatz landen, zu dem man gern möchte. Da ist vielleicht Nebel oder schlechte Sicht. Oder andere sind noch vor einem an der Reihe mit Landen, und man selbst muss warten. Pflegebedürftige Eltern können zum Beispiel eine Zeit lang mehr Priorität haben als der Partner. Oder ein Kind, das versorgt werden muss. Da muss dann das Flugzeug in der Luft mit Treibstoff befüllt werden.

Umso wichtiger ist es, sich nach der Phase des Zusammenkommens gemeinsam hinzusetzen und über die Sprachen der Liebe zu sprechen, da sie für eine auf Dauer angelegte Beziehung als Präventiv- und Regenerationsprogramm von unschätzbarem Wert sind. Wer genau weiß, wie sein Partner tickt, kann ihn groß und glücklich machen. Und das ist meines Erachtens unsere Aufgabe. Es ist nach dem Kennenlernen unser zweites Ziel in der Beziehung. Damit ich das aber erreichen kann, muss ich wissen, was die Liebessprachen des anderen sind.

Die meisten Menschen nehmen sich leider nur beim Kennenlernen Zeit, sich zu überlegen, was dem anderen gefällt. In der Beziehung hören sie damit auf. Wenn die Menschen zusammen sind, machen sie nämlich zuerst das, was sie herausfordert – sie bewältigen den stressigen Alltag mit allem, was dazugehört. Die Kinder müssen zur Schule gebracht werden, die Arbeit muss erledigt werden, man will zum Sportverein und am kulturellen Leben teilhaben. Aber die wirkliche Frage ist ja: Was kann ich tun, um den wichtigsten Bereich in meinem Leben am Laufen zu halten? Und der wichtigste Bereich, das ist die Beziehung. Wir Menschen sind Beziehungswesen. Der Erfolg im Job und die weitere persönliche Entwicklung hängen unmittelbar damit zusammen.

Ich habe zusammen mit meiner Frau mal ein Paar beraten, beide Ende 30. Sie waren ein Jahr verheiratet, als ihre Beziehungsprobleme den Höhepunkt erreichten, diese Probleme auch andere Bereiche in ihrem Leben überlagerten und sie auch im Job nicht mehr richtig »funktionierten«. Was war das Kernproblem? Er sprach konsequent ihre Liebessprache »Geschenke« nicht. Das, was sie tat, hielt er für selbstverständlich. Die Situationen, die die Krise heraufbeschworen, klingen banal, sie sind es aber nicht, wenn man nicht drüber spricht.

Einmal sollte er zum Beispiel ein paar Zutaten zum Backen besorgen, und sie hätte sich gefreut, wenn er ihr außerdem eine Tafel ihrer Lieblingsschokolade mitgebracht hätte, Warenwert: 80 Cent. Über diese Geste hätte sie sich gefreut. Er musste ja ohnehin durch die Süßigkeitenabteilung. Er brachte ihr aber nichts mit, hatte nicht an sie gedacht, sondern nur an alles, was auf der Liste stand. So was passiert ja mal. Sie interpretierte dieses Nichtmitbringen aber so, dass er sie nicht wertschätzte. Was hätte das Problem also lösen beziehungsweise gar nicht erst entstehen lassen können? Sie hätte etwa sagen können: »Für mich ist das Mitbringen der 80-Cent-Schokolade eine Wertschätzung, eine Anerkennung für das, was ich leiste. Meine Liebessprache ist ›Geschenke‹.« Ich behaupte: Er hätte an die Schoki gedacht, wenn er davon gewusst hätte.

Wobei nicht alles, was man ein einziges Mal sagt, gleich ankommt, das muss man fairerweise auch sagen. Ich hatte mal eine Frau in der Beratung, die sagte zu ihrem Mann: »Ich hab dir doch schon mal gesagt, dass ich Zärtlichkeiten brauche – nicht nur einmal.« Auch zwei- oder dreimal wären nicht genug gewesen. Unser Kopf ist voll mit Informationen. Warum wohl wird denn ein Radiospot hundertfach zum immer gleichen Zeitpunkt vor den Nachrichten ausgestrahlt? Weil unsere Aufmerksamkeit begrenzt ist – und unser Gehirn erst mal alles nach hinten schiebt. Wir müssen weg von dem »Das hab ich dir doch schon mal gesagt«. Derjenige, der etwas ausspricht, für den ist das unglaublich wichtig, denn: Er hat es ja gesagt. Der, der es hört, muss es aber gar nicht auf Priorität eins haben (wie der, der es ausgesprochen hat), weil er gedanklich noch mit tausend anderen Dingen beschäftigt ist.

Mit dem Paar, bei dem der Mann die Schokolade nicht mitgebracht hatte, machten wir übrigens ein Gedankenspiel. Wir fragten ihn: »Wie wäre es denn, wenn du ihr nicht nur die Schoki, sondern auch noch eine Flasche Prosecco mitbringst? Trinkt sie ja gerne. Und sagst: Ich helfe dir beim Backen, und dabei trinken wir auch noch ein bisschen Prosecco?« Da merkten wir auf einmal, wie Gedanken in Bewegung kamen: »Oh, gemeinsam Backen mit Prosecco, das klingt ja nett. Wäre doch richtig schön gewesen!« Meine Frau hat dann noch einen draufgesetzt und gefragt: »Was hätte man denn beim Backen noch alles machen können? Stell dir mal vor, du ziehst unter der Schürze einfach mal was anderes an.« Das wäre auch deshalb besonders passend, weil die erste Liebessprache des betreffenden Mannes Zärtlichkeit war, und sie ihm so noch einen extra Gefallen getan hätte.

Für Gedankenspiele wie das mit dem Backen aber braucht man Zeit, und die sollte man sich nehmen. Wir haben oft nur Ziele vor Augen. Ziel: Job. Ziel: Kuchen backen. Ziel: aufräumen. Wir denken leider in Zielen, nicht in Prozessen, und deshalb vergessen wir oft, dass es auch Zwischenschritte gibt, die man auf dem Weg zum Ziel einbauen könnte. Denn der Weg ist das Ziel, und der ist auch schon entscheidend.

Und manchmal, das muss gesagt werden, muss man mit seinem Auto auch liegen bleiben, bevor man versteht, dass das Ding Benzin braucht. Wir Menschen treiben die Dinge immer so weit, wie es nur irgendwie geht. Bis es fast zu spät ist. Die meisten würden mit ihrem Wagen auch nicht zum TÜV fahren, wenn sie keine Angst hätten, dass die Polizei sie erwischt oder sie bei einem Unfall keinen Versicherungsschutz hätten. Selbst zur Inspektion fährt man nur wegen des über einem schwebenden Damoklesschwerts des Motorschadens, der einen unter Umständen 5000 Euro kosten würde. Menschen brauchen immer die Vorstellung des Worst Case, um in den Handlungsmodus zu kommen. Die wenigsten handeln präventiv. Aber die Anwendung der Sprachen der Liebe ist ein Präventivprogramm, um den anderen kennenzulernen und ihm Freude zu bereiten.

Die Liebessprache
»Zeit allein«

Um Liebe geben und die Sprachen der Liebe somit anwenden zu können, sollte man – weitestgehend – mit sich selbst im Reinen sein. Und sich ausreichend um sich kümmern. Viele Menschen ziehen Kraft aus der Gemeinschaft, sie können in ihr auftanken. Ich gehöre auch dazu, aber um wirklich aufblühen zu können, brauche ich auch Zeit mit mir selbst. Und in meinem Umfeld und meiner pastoralen Tätigkeit merke ich: Vielen Menschen geht es so wie mir. Weshalb ich die von mir hinzugefügte sechste Liebessprache »Zeit allein« hier gern weiter ausführen möchte.

Ich genieße es, allein um den Weißen See zu gehen, wie gesagt. Und die besten Ideen kommen mir beim Sport, wenn ich auf dem Laufband im Fitnessstudio stehe. Da fallen mir dann tausend Dinge ein, die ich noch umsetzen möchte. Wenn ich die Zeit mit mir nicht hätte, würde ich verkümmern, wäre unausgeglichen und würde nicht mehr so »sprühen«.

Woher kommt das aber, dass wir Zeit mit uns selbst brauchen? Warum fahren einige Menschen ins Kloster, um dort zu schweigen? Warum machen andere vier Wochen Yoga in Indien? Wieder andere unternehmen lange Reisen ohne einen Begleiter. Warum meditieren einige Menschen jeden Tag als tägliche Routine oder machen einen Spaziergang durch den Park? Wir brauchen Zeit mit uns selbst, damit wir uns über unsere Gefühle, über alles, was auf uns den ganzen Tag über einprasselt, klar werden zu können. Wir brauchen Zeit, um einer Sache Bedeutung zu geben oder auch nicht. Weil wir ständig Eindrücke aufnehmen, die einer Sortierung bedürfen.

Dinge, die mir im Laufe des Tages passieren, sorgen immer für eine Emotion: Auf dem Weg zur Arbeit rempelt mich zum Beispiel einer auf der Straße an. Was ist die erste Reaktion? Ärger. Ich steige in die Tram, da komm ich kaum rein, so voll ist die: noch mal Ärger. Dann lächelt mich in der Bahn jemand an: Freude. Obwohl: Lächeln in der Bahn? Kennen wir hier in Berlin eigentlich nicht. Nur vom Hörensagen. Aber die anderen Menschen aus der Republik, wo man sich »Hallo« sagt, wenn man aneinander vorbeigeht, die können damit sicher was anfangen. Ich glaube aber, es ist klar geworden, was ich meine. Die ganze Zeit über sind wir in der Emotionsfalle. Erst wenn wir der Emotion eine Bedeutung verleihen, wird aus ihr ein Gefühl. Das Gefühl ist die reflektierte Bearbeitung einer Emotion.

Das Sortieren und Auswerten der Gefühle passiert eigentlich nachts, im Schlaf. Aber viele Menschen schlafen schlecht in diesen Zeiten, wo es immer stärker um Leistung geht und immer mehr von uns gefordert wird. Das Leben wird komplexer, vielschichtiger und schneller, sodass wir mehr Zeit brauchen, um im wahrsten Sinn des Wortes klarzukommen. Was passiert nun mit den Menschen, die Zeit mit sich brauchen, es sich aber nicht gönnen, in den Park oder zum Sport zu gehen, um die Emotionen zu sortieren und richtig einzuordnen? Der »unsortierte« Emotionsspeicher läuft voll, sie kommen in einen Erschöpfungszustand.

Deswegen ist es so wichtig, sich Zeit für sich zu nehmen. Und sie seinem Partner zu ermöglichen, wenn man weiß, dass er sie braucht, um aufzutanken. Der Emotionsspeicher muss immer wieder geleert werden. Und das können Menschen – auch wenn sie sich über den Vorgang selbst oft nicht bewusst sind – oft am besten allein.

Viele Menschen aus meinem Umfeld und in meiner Kirche befinden sich in der sogenannten Rushhour zwischen dem 30. und dem 45. Lebensjahr, wo die Anforderungen an uns am höchsten sind. In der Phase müssen wir alles gleichzeitig realisieren. Wir erziehen ein bis drei Kinder, stehen morgens um sechs auf, stecken in der sogenannten beruflichen Etablierungsphase. 40- bis 60-Stundenwochen sind da keine Seltenheit. Dazu kommt unter Umständen ein Haus- oder Wohnungskauf, man will körperlich fit bleiben, und die Lebensträume sollen auch nicht zu kurz kommen. Das ist Leistung auf Topniveau.

Formel-1-Autos mit Höchstleistungsmotoren müssen öfter an die Box als normale Wagen, weil sie sonst liegen blieben. So ist das bei uns Menschen auch. Aber wir drehen unsere Runden immer weiter und vergessen, dass wir an die Box müssen. Wir brauchen Pausen, in denen wir wieder auftanken können, damit es weitergehen kann.

Jeder sollte sich hier mal kurz eine Minute Zeit nehmen, um zu überlegen: Wann hast du dir das letzte Mal für 48 Stunden eine Auszeit genommen? Wie oft gehst du regelmäßig zu einer Entspannungsübung oder zu einem Sportkurs, der deinen Kopf frei macht? Und wann hat es dir dein Partner das letzte Mal ermöglicht?

Das Prinzip, Höchstleistung zu bringen und nicht zum Boxenstopp zu gehen, endet mit einem Motorschaden – da gebe ich Brief und Siegel drauf. Und wenn du einen Motorschaden hast und nicht auf dich selbst achtest, bekommt deine Beziehung auch einen. Und wenn du Kinder hast, kommt das ganze Team ins Schlingern oder fliegt aus der Kurve. Deshalb ist es so wichtig, dass du auf dich achtest.

Wer die Liebessprache »Zeit allein« spricht, sollte seinem Partner unbedingt davon erzählen. Es ist wichtig, dass er weiß, dass du die Zeit allein brauchst, um zu regenerieren – und dass Zeit allein zu verbringen nicht heißt, keine Zeit mit dem Partner verbringen zu wollen, sondern einfach in Ruhe die eigenen Gedanken zu sortieren. Allein zu sein muss möglich sein, weil es notwendig ist für das eigene, persönliche Wachstum.

Liebesgeheimnis 3
auf einen Blick

♥ Das sind die sechs Sprachen der Liebe
Sprache ist für uns Menschen das wichtigste Medium, wir brauchen sie, um uns verständlich zu machen. So ist es auch mit den Liebessprachen. Fünf Liebessprachen gehen auf den Paartherapeuten Gary Chapman zurück. Sie heißen Lob und Anerkennung, Zweisamkeit, Zärtlichkeit, Geschenke und Hilfsbereitschaft. Ich habe die sechste Sprache der Liebe dazu erdacht, weil die Komplexität unseres Alltags es erforderlich macht, dass wir Emotionen einordnen. Dafür brauchen wir Zeit mit uns selbst. Jeder Mensch spricht auf ein oder zwei Liebessprachen emotio-

nal an. Wenn die mit ihm gesprochen werden, fühlt er sich geliebt.

♥ Lerne die Sprache der Liebe deines Partners

Macht den Liebessprachentest und findet heraus, welche eure persönlichen Sprachen der Liebe sind. Ist es die Zärtlichkeit? Die Zweisamkeit? Oder brauchst du ab und zu mal Zeit für dich, und es ist toll, wenn dein Partner dir das ermöglicht? Macht den Test zusammen und sprecht darüber, was ihr braucht. So bekommt dein Partner nach und nach eine Art »Betriebsanleitung« für dich und lernt, so mit dir umzugehen, wie du dich geliebt fühlst. Man lernt die Sprache des Partners nur durch üben, üben, üben. Dann werden sich auch schnell Erfolge einstellen. Dadurch, dass sich dein Partner mit dir wohlfühlt, wird er auch alles dafür tun, deine Liebessprachen mit dir zu sprechen. Win-win!

♥ Nicht von der eigenen Liebessprache auf die des Partners schließen

Nach der Phase des Zusammenkommens braucht man ein zweites Ziel in der Beziehung, und das muss lauten: Mach den anderen groß! Das geht auch über die Liebessprachen. Ihre richtige Anwendung wirkt

Wunder. Aber Vorsicht, Falle! Oft gehen wir davon aus, dass der Partner dieselbe Liebessprache spricht wie wir. Wer gern Geschenke bekommt, verschenkt vielleicht auch gern. Der andere soll sich dadurch geliebt fühlen. Ist aber oft nicht so. Von der eigenen Liebessprache auf die des Partners zu schließen ist ein Fehler.

Übungen

Mach ein Kompliment

Finde mit dem Test die Liebessprache deines Partners heraus und wende sie an. Wenn dein Mann oder deine Frau etwa auf Lob und Anerkennung anspricht, machst du ihm oder ihr jeden Abend ein Kompliment. Was hat er oder sie heute gut hinbekommen? Wir sind es nicht gewohnt, Komplimente zu machen. Deshalb müssen wir es üben. Aber du wirst sehen, was ein Lob innerhalb eurer Beziehung Tolles bewirken kann. Tipp: Wenn es nicht sofort klappt, muss es nicht heißen, dass es nicht gewirkt hat. Vielleicht ist der Liebestank deines Partners nicht mehr voll und er braucht etwas Zeit, bis er glauben kann, was ihm gerade geschieht.

Dem Alltag ein Schnippchen schlagen

Denke nicht in Zielen, sondern in Prozessen. Denk nicht: »Ich muss heute Abend noch kochen«, sondern: »Ich muss kochen, aber wie wäre es, wenn wir das zu zweit machen würden und aus dem Muss ein Event machen?« Kochen, ein Glas Wein trinken – und über die Liebessprachen sprechen und sehen, wo euch der Abend hinführt.

Nimm dir Zeit für dich

Hol dir deinen Kalender und guck nach, wann du das letzte Mal zwei Tage nur für dich hattest. Um aufzutanken, und um die letzten Ereignisse in deinem Leben Revue passieren zu lassen. Ist deine letzte Auszeit mehr als sechs Monate her, sprich mit deinem Partner. Und such dir einen Termin aus, an dem du, wo auch immer, auftanken kannst.

Rückschnitt ist kein Rückschritt

»Schieb ich sie nach links oder nach rechts?« Auf Tinder Frauen in die eine oder die andere Richtung zu swipen ist für Linus ein Sport. Jeden Abend setzt er sich in die Küche vor sein Smartphone und beurteilt Frauen: sympathisch; langweilig; sieht gut aus, aber nicht mein Typ; nett für eine Nacht, aber nichts für die Ewigkeit, und so weiter. Linus' Problem ist irgendwann: Er hat nicht viele Dates, sondern sehr viele. Und dementsprechend sehr viele Möglichkeiten. So viele, dass er sich überhaupt nicht mehr auf eine Person oder wenigstens eine kleine Auswahl fokussieren kann. Es ist schlichtweg zu viel.

Leider kann man das Dating-Beispiel auf das gesamte Leben im heutigen Zeitalter übertragen: Wir sind es gewohnt, immer viele Eisen im Feuer zu haben. Wir wollen uns um unsere Familie oder die Partnerschaft kümmern, im Beruf vorankommen, und unsere Freunde sollen auch nicht zu kurz kommen. Dazu noch zwei- oder dreimal die Woche ins Fitnessstudio oder zum Yoga. Denn gut aussehen und dabei immer komplett entspannt und entschleunigt zu erscheinen gehört zu den Skills, die wir heute für notwendig halten. Alles muss top sein. In allen Bereichen.

Aber wenn man überall spitze sein will, kommen auch Dinge zu kurz. Die Frage ist deshalb: Will ich immer alles machen? Eine ganze Zeit lang kann ich mir zwar alle Türen offen halten und in jeden Lebensbereich investieren, aber: Wenn ich jede Tür nur kurz aufmache und reingucke, sehe ich zwar, was da ist, doch ich lerne keinen Raum wirklich kennen. Wenn ich als Vater nur vier Stunden die Woche bei meiner Familie bin und den Rest im Büro verbringe, lerne ich meine Familie nicht kennen. Und wenn ich nur einmal pro Monat ins Fitnessstudio gehe, werde ich nie die Figur haben, die ich mir vielleicht wünsche. Ich mache alles ein bisschen, aber ich werde nirgends richtig gut. Deswegen bin ich der festen Überzeugung: Such dir zwei oder drei Bereiche in deinem Leben, in denen du gut sein willst, und investiere deine ganze Kraft da rein. In deine Familie. Oder in deinen Beruf. Oder deine Freunde.

Im Leben aufräumen

Wie aber geht das, sich nur auf zwei oder drei Bereiche in seinem Leben zu konzentrieren? Als ersten Schritt müssen wir erkennen, was genau zu viel ist.

Auf Netflix gibt es die Serie *Aufräumen mit Marie Kondo.* Marie Kondo ist eine japanische Bestsellerautorin (*Magic Cleaning* u.a.), die es sich zur Lebensaufgabe gemacht hat aufzuräumen, und sie hat eine spezielle Technik dafür entwickelt. In dem TV-Format besucht sie Menschen, die alle eins gemeinsam haben: Sie besitzen zu viel – und sie sehnen sich nach Klarheit. Sie kommen in ihrem Zuviel nicht mehr zurecht und wissen nicht, wo sie mit dem Aufräumen anfangen sollen. Der ganze Kram, den sie »mit sich herumtragen«, verhindert auf irgendeine Art und Weise ihre weitere Entwicklung.

Marie Kondo lässt in jeder Folge die Menschen zunächst ihre Kleidung auf einen Haufen werfen. Der Schockmoment ist jedes Mal groß: So viel Kleidung habe ich?! Dann wird ausgemistet. Kondos Klienten müssen jedes Teil in die Hand nehmen und spüren, ob es ihnen noch Freude bringt oder nicht. Falls ja, bekommt es einen festen Platz im Schrank. Falls nein, bedanken sich die Menschen bei dem Kleidungsstück und lassen es gehen. So schaffen sie sich Freiraum. In den Schränken. Und den Herzen. Es ist schön zu sehen: Wenn die Japanerin mit ihren Klienten »fertig« ist, hinterlässt sie jedes Mal glückliche Menschen.

Ich würde die Methode von Marie Kondo gedanklich gern noch ein bisschen weiterdrehen. Stell dir mal vor, du hast jetzt aufgeräumt in deinem Leben (von mir aus nach Marie Kondo) – und machst dann eine Inventarliste deines Lebens! Jeder, der erfolgreich eine Firma oder ein Geschäft führt, hält Bestand darüber, was er besitzt. Er weiß: Was muss ich neu bestellen? Und er weiß auch: Was läuft gar nicht? Was würde passieren, wenn ein Unternehmer ständig Sachen bestellt, die er nicht braucht? So ein Geschäft wäre sehr schnell pleite – und hätte den ganzen Mist, den es nicht braucht, auf Lager. Frag dich doch mal: Was läuft in deinem Leben? Wovon kannst du mehr gebrauchen? Wovon weniger? Und welche Fehler (Bestellungen) machst du immer wieder, obwohl sie dir nicht guttun?

Wir sehen, wenn wir durch die City gehen, oft Räumungsverkäufe. Wir sehen riesige Buchstaben in den Schaufenstern, die uns anschreien: Sale! S!A!L!E! Die Sommerkollektion muss Platz machen für die Herbst- und Wintermode. So ist es auch in unserem Leben. Wir brauchen Platz. Wir brauchen ein aufgeräumtes Lager.

Dein Lebensbaum

Marie Kondo runtergebrochen auf die Persönlichkeit bedeutet: Wir müssen, um grundrein zu machen, manchmal auch tiefer gehen und den Keller beziehungsweise das Lager aufräumen. Anstatt immer nur vordergründig die Schränke im Wohnzimmer clean zu machen. Wir brauchen einen Überblick über das Ganze, dann können wir sehen, was genau zu viel ist.

Wo im eigenen Leben gerade Chaos ist und wo rückgeschnitten werden kann, sieht man gut am sogenannten »Lebensbaum«. Ich selbst habe es mir deshalb zur Aufgabe gemacht, ungefähr zweimal im Jahr, im Frühjahr und im Herbst, einen Lebensbaum zu zeichnen. Das ist für mich jedes Mal eine gute Übung, um zu sehen, was in meinem Leben gerade gut läuft und was nicht so gut. Und wo ich aufräumen muss, um genug Energie für die Sachen zu haben, die ich wirklich voranbringen will. Der Lebensbaum macht sehr anschaulich, was mir Energie gibt und welche Dinge oder Menschen mir Energie rauben.

Die Übung geht so: Man zeichnet einen Baum mit den eigenen individuellen Lebensbereichen. (Es ist gut, dafür ein großes Blatt zu nehmen, A3 oder sogar A2.) Da könnten zum Beispiel die Bereiche »Liebe«, »Freunde« oder »Job« auftauchen. Jeder Lebensbereich bekommt einen eigenen Ast, und jeder Ast wiederum weitere Verästelungen, um die man sich gedanklich im nächsten Schritt kümmert.

Es gibt leider keinen Musterbaum zum Nachmachen, das ist logisch, weil jedes Leben ja sehr unterschiedlich ausgeprägt ist und deshalb auch verschiedene Bereiche wichtig sind. Aber da wir Menschen alle gern in Beziehungen leben, zur Arbeit gehen (müssen) und Freundschaften pflegen, hier ein »Lebensbaum« zur Veranschaulichung.

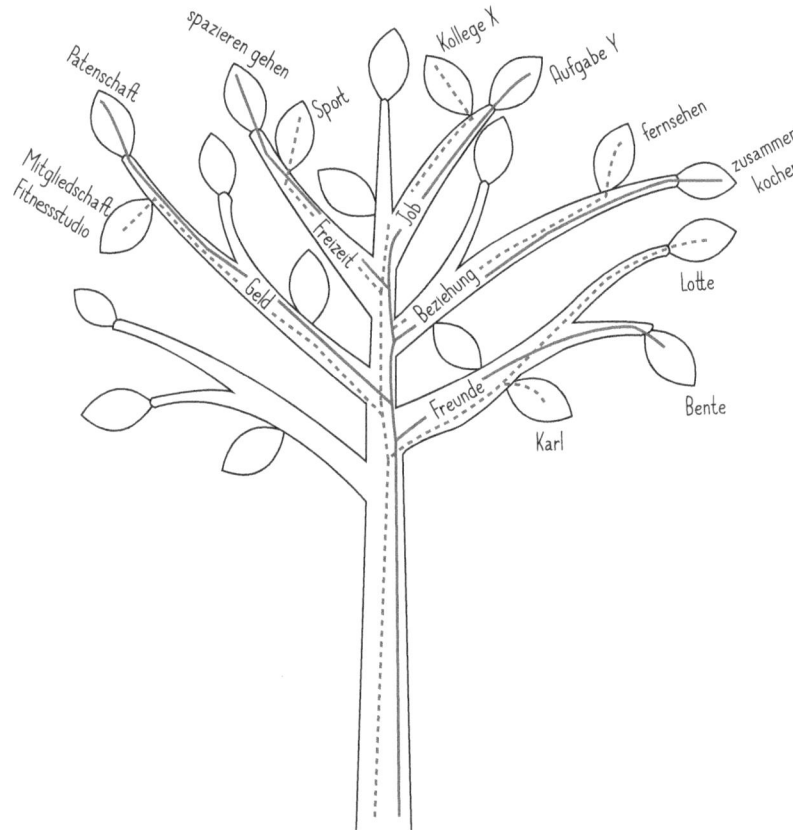

Am Beispiel des Astes »Freunde« will ich kurz noch mal näher erläutern, was gemeint ist:

Die fiktive Person, die diesen Baum zeichnete, hat in dem Ast »Freunde« drei Namen bei den Verästelungen aufgeschrieben: Karl, Bente und Lotte. Mit Karl hat die Person eigentlich seit Jahren nur noch Meinungsverschiedenheiten, mit Bente sind die Treffen unregelmäßig und locker und die Themen, die sie dabei anschneiden, oberflächlich. Mit Lotte hat sie viele Gespräche, die sie gedanklich voranbringen. Lotte bestärkt sie zudem in ihren Vorhaben und spricht ihr Mut zu. Du ahnst wahrscheinlich schon, worauf es hinausläuft. Denn nun werden den Personen Energieflüsse zugeordnet. Was eher Kraft kostet, bekommt vom Stamm aus eine gestrichelte Linie, was eher Energie gibt, eine durchgezogene Linie. So sieht diese Person, dass Karl Energie zieht und es vielleicht ratsam wäre, sich von Karl gedanklich zu verabschieden und vielleicht dafür mehr Zeit mit Lotte zu verbringen. Das, was wir tun, bestimmt unsere Wirklichkeit. Wenn ich viel Zeit mit Karl verbringe, habe ich mehr Negativität in mir, mehr Zeit mit Lotte wird mich positiver stimmen.

So wie mit dem Ast »Freunde« des Lebensbaums solltest du auch in anderen Lebensbereichen beziehungsweise Ästen vorgehen. Es könnte zum Beispiel einen Ast »Beruf« geben: Welche Tätigkeiten (Verästelungen) in deinem Job geben dir Kraft, welche nicht? So erkennst du, was du in deinem kommenden Mitarbeitergespräch mit dem Chef ansprechen kannst. Oder du malst einen Ast »Familie« und einen für deine Partnerschaft. Die kleinen Zweige an dem Ast »Beziehung« könnten Aktivitäten sein, die ihr gemeinsam unternehmt – oder nicht unternehmt. Oder Eigenschaften, die dir an deinem Partner gefallen oder nicht. Man kann sich die Frage stellen: Was gibt am Ende mehr Kraft und lässt die Beziehung aufblühen: etwas gemeinsam kochen und dabei etwas voneinander erfahren oder ein gemeinsamer Abend vor dem Fernseher? Ich will damit nicht sagen, dass es schlimm ist, zusammen fernzusehen, aber viel Kraft oder Futter für Gesprächsstoff gibt es sicherlich nicht. Gemeinsam zu glotzen ist wie Fast Food. Es macht dich kurzfristig satt, aber du hast auch sehr schnell wieder Hunger. Und fett macht es auch.

Linus mit den vielen Tinder-Dates hatte in seinem Lebensbaum einen Ast »Frauen«. Da tauchten sehr viele Namen auf: Michaela, Constanze, Susanne, Carla, Eva. Alle hatten eine Energie ziehende Verbindung zum Stamm. Er war von den vielen Damen genervt. Es raubte ihm immer mehr Energie, auf die vielen Nachrichten antworten zu müssen und Teil ihres vermeintlichen Liebeslebens zu sein. Außerdem stresste es ihn, dass auch er nicht der Einzige, sondern einer von vielen war.

Denn auch die Frauen hatten ja Dates mit mehreren Männern. Das Prinzip Tinder ist ja das Prinzip der vielen. Bei Linus aber gab es einen Namen auf dem Liebes-Ast, der eine Energie spendende Verbindung hatte: Es war der seiner Tochter, die er aus einer früheren Beziehung hatte. Es machte sofort klick, und er wusste, was zu tun war. Fortan investierte er sich mehr in das Leben der Sechsjährigen. Und ein Jahr später, als Ruhe in sein Leben eingekehrt war und er sich von den Partner-Websites abgemeldet hatte, fand er eine neue Partnerin. Sie war wie er auch von ihrem ehemaligen Partner getrennt und alleinerziehend. Er lernte sie nicht online, sondern auf einem Spielplatz kennen.

Am Lebensbaum kannst du sehen, was bei dir gerade zu viel ist, was dir guttut und was »weggeschnitten« werden sollte. Deshalb zeichne jetzt gleich einen Lebensbaum auf ein Blatt Papier. Ich weiß, es kostet etwas Energie und du hast vielleicht Angst, dass dir nichts einfällt oder du etwas falsch machen könntest. Aber keine Angst: Falsch oder richtig gibt es beim Lebensbaum nicht. Die Hauptsache ist, du machst es jetzt sofort. Und wenn du drin bist, wirst du sehen: Es macht Spaß und gibt Kraft!

Wo kannst du Dinge zurückschneiden, damit du wieder mehr Energie hast?

Um zu begreifen, dass nur durch Rückschnitt nachhaltiges Wachstum entstehen kann, lohnt auch ein Blick in die Natur. Wein zum Beispiel: Wenn du eine Weinrebe in die Erde setzt, trägt sie überall kleine Früchte, aber keine Traube entwickelt sich wirklich und du wirst niemals einen Wein daraus keltern können. Du musst die Rebe erst zurückschneiden und den Haupttrieb unterstützen, dann fängt sie an zu tragen. Oder wenn du faule Blätter eines Baums wegnimmst – dann bekommen die anderen Blätter umso mehr Energie aus dem Stamm und können umso mehr aufblühen. Der Baum sieht schön aus und gesund.

Wenn zu vieles gleichzeitig kommt, treibt nichts richtig aus. Wenn du für dein Leben feststellst: Alles ist irgendwie nett, alles entwickelt sich irgendwie okay, aber nichts ist richtig gut, dann kann es sein, dass zu viele Triebe in deinem Leben vorhanden sind. Dann musst du gucken: Wo wäre es bei dir gut zurückzuschneiden, damit zum Beispiel in dem Bereich, der der wichtigste überhaupt ist – die Beziehung –, wieder so viel Energie ankommt, dass er sich in eine positive und große Richtung entwickeln kann?

Oft liegen auf dem Weg zu diesem Ziel Dinge im Weg. In der Regel siehst du schon an deinem Lebensbaum, um welche Triebe du dich in deinem Leben kümmern musst: Es will eingekauft werden, geputzt, aufgeräumt, die Einfahrt vor dem Haus sollte gefegt sein, die Kinder wollen zum Sport gefahren werden oder ein Elternabend in der Schule steht an. Und nächste Woche ist auch noch eine Klassenfahrt, oder du musst was für den Geburtstag eines Kindes einkaufen, das du nicht mal kennst. Alles Dinge, die zwar wichtig sind, die uns aber vom Zentrum entfernen – dem Herzen, dessentwegen das ganze Gerüst überhaupt mal aufgebaut wurde. Und das ist die Partnerschaft.

Wenn du feststellst, dass es in deinem Lebenssetting zu viele To-dos gibt, wäre es im Sinne der Nachhaltigkeit deiner Beziehung deshalb gut zu schauen, wo du dir Dinge sparen kannst. Wo kannst du Tätigkeiten zurückschneiden und auslagern, um dich in deine Partnerschaft investieren zu können? Viele Menschen würden aufatmen, wenn sie wüssten, dass einmal im Monat jemand die Bäder blitzblank macht. Oder jemand alle zwei Wochen bei der Wäsche hilft. Je nach den individuellen finanziellen Möglichkeiten. Die Zeit, die dann freigeschaufelt wird, kannst du wunderbar in deine Beziehung einbringen.

Es muss nicht mal unbedingt (viel mehr) Geld kosten, eine Tätigkeit auszulagern – Einkaufen zum Beispiel. Ich habe eine Hassliebe zu Amazon, muss ich gestehen. Auf der einen Seite liebe ich die Dienstleistungen, die sie anbieten. Alles ist aus der Sicht des Kunden gedacht, und es ist bequem, über das Portal zu bestellen. Auf der anderen Seite beuten sie ihre Leute aus.

Ich liebe es aber, mit meiner Frau zusammen etwas zu kochen. Ich habe mir deshalb bei Amazon Fresh die Zutaten für ein bestimmtes Gericht bestellt. Für das Frischbleiben meiner Ehe sozusagen. Dann kam abends ein junger Mensch, der uns unsere Utensilien direkt an die Haustür brachte – abends ist bei uns eigentlich immer jemand zu Hause –, und ich musste nur noch auspacken und wir konnten anfangen zu schnippeln und zu kochen.

Ich habe es mir inzwischen zum Prinzip gemacht: Was ich auslagern kann, lagere ich aus. So schneide ich zurück. Im Fall der Essenlieferung hat das sogar noch einen weiteren Vorteil: Ich spare mir Konflikte. Wenn ich nämlich mit den Kindern abends noch an einem Geschäft vorbeimuss, fragen die mich immer, ob sie im Auto warten und noch was auf dem Tablet gucken können – und das trifft bei mir auf keinen guten Nerv. Neulich habe ich zu ihnen gesagt: »Wenn ich noch einmal ›was gucken‹ höre, schmeiß ich das Tablet aus dem Fenster.« Weil ich nicht sauer sein will auf meine Kinder, bestelle ich also lieber was bei Amazon Fresh. Ist für mich das kleinere Übel.

Meine Frau hat in unserer Ehe mal einen entscheidenden Satz geprägt, den ich hier gern verraten möchte. Sie sagte mal: »Du kannst in der Beziehung vieles auslagern, nur nicht die Beziehung selbst. Wenn du anfängst, deine Beziehung auszulagern – zu einer anderen Frau oder zu einem anderen Mann –, hast du falsch ausgelagert.« Du musst deine Partnerschaft also pflegen. Was nützt es dir, wenn du am Ende 500 Euro für den Babysitter gespart hast, dich aber scheiden lässt wegen zu viel scheinbaren Stresses.

Anspannung und Entspannung

Warum ich das so schreibe – scheinbarer Stress? Weil die Dinge, die vordergründig anstrengend und zermürbend erscheinen, oft gar nicht so stressig sind. Wenn du denkst, dass deine Beziehung an ihre Grenzen gekommen ist, dann erinnere dich doch mal an den Anfang. Da hast du sie bestimmt nicht als stressig empfunden, da hat dir deine Frau oder dein Mann Kraft gegeben und alles fühlte sich wunderbar leicht an. Als Schwere empfinden wir häufig das, was im Laufe der Zeit auf die Partnerschaft draufgeladen wurde. Die Peripherie der Beziehung: Das sind zum Beispiel der Klavierunterricht der Kinder, das Hinbringen und Abholen derselben, die Nichtanwesenheit von Großeltern, der Beruf, das Geldverdienenmüssen, kurz: die Verantwortung für eine Familie. Das will ich alles überhaupt nicht kleinreden. So ist eben das Leben.

Wir Menschen können tatsächlich auch viel zustande bringen. Wir sind Leistungstiere. Die Frage ist immer nur: Gibt es einen Punkt, an dem du Kraft tanken kannst? Ich, Heiko Kienbaum, kann zum Beispiel ein Buch schreiben, eine Kirche leiten, mit meiner Familie Dinge unternehmen, die wichtig für uns als Gemeinschaft sind. Aber, und das ABER muss in Großbuchstaben geschrieben sein: Für mich wäre es das Größte, wenn ich einmal im Monat mit meiner Frau zwei Tage wegfahren könnte. Mit ihr zwei Tage nach Mallorca? Großartig! Die restlichen dreieinhalb Wochen kann ich Vollgas geben, aber ich brauche diesen Wechsel von Anspannung und Entspannung. Progressive Muskelentspannung funktioniert auch so: Die Entspannung, das Lösen geht nur über die vorherige gezielte Anspannung von bestimmten Muskelgruppen. Oder, noch einfacher gesagt: Wir könnten das Wochenende nicht genießen, wenn wir die Woche über nichts »geleistet« hätten. Unser Leben ist so aufgebaut. Es verläuft in Wellen. Anspannung und Entspannung. Beides ist wichtig. Bei zu viel Anspannung müssen wir gucken, was zu viel ist. Wo wir zurückschneiden können, wo wir falsch abgebogen sind und was davon wir an welchen Stellen korrigieren können.

Nicht tragfähige Beziehungen im Voraus erkennen

Ich möchte noch eine andere Geschichte zum Thema Rückschnitt erzählen. Darin geht es darum, sich nicht zu viel von dem aufzuladen, wovon klar ist, dass es nicht von langer Haltbarkeit sein wird. Es ist sozusagen der Rückschnitt, den man im Voraus erkennt.

Klaas war zweimal verheiratet und hat Kinder aus unterschiedlichen Beziehungen. Er ist erfolgreicher Künstler in Berlin und engagiert sich in meiner Kirche. Vor einiger Zeit sagte er zu mir, er wolle sich verändern. Sein bisheriger Lebenswandel habe sich als zu instabil erwiesen. Er wolle seine Beziehungen künftig anders führen. Beständiger und werteorientierter. Er ist ein gut aussehender Typ und wird viel umschwärmt. Neulich fuhren wir zusammen im Auto und er erzählte mir von seiner neuen Freundin. Er war auf Wolke sieben. Alles rosarot. Sex grandios. Dies sei nun die eine, war er sich sicher. Als ich ihn fragte, wann ich sie denn einmal kennenlernen dürfe, verriet er: »Na ja, so richtig gläubig ist sie nicht. Und am Wochenende in die Kirche wird sie auch nicht mitkommen.« Er wollte deshalb von mir wissen, was ich davon hielte. Eigentlich kannte er die Antwort schon selbst, konnte sie sich aber noch nicht eingestehen.

Die Wahrheit ist: Rückschnitt bedeutet Klarheit. Und es bedeutet, sich von dem zu verabschieden (nicht im Bösen), was langfristig Energie kostet. Und wer klar sieht, erkennt und benennt, dass es Dinge gibt, die nicht zusammenpassen. Rückschnitt bedeutet zu sehen, so schmerzhaft es ist, nicht alles haben zu können – und das Zuviel schon im Vorfeld loszulassen.

Zu Klaas sagte ich also, dass die neue Verbindung keine Perspektive hätte. Denn wenn du Gas gibst in einem Bereich – das kann dein Glaube sein, aber auch etwas anderes, das dich herausfordert, vielleicht bist du alleinerziehend oder willst auf jeden Fall irgendwann mal Kinder und eine eigene Familie haben – und der potenzielle Partner sagt, für ihn kommen deine Pläne nicht infrage, dann muss ich dir leider sagen: Das ist kein potenzieller Partner. Spar dir die Kraft für jemanden, der deine Überzeugungen teilt.

Was denkst du: Hat Klaas mit der neuen Freundin auf mich gehört und die Sache zu einem guten Ende gebracht? Natürlich nicht. Die Liebe zu der neuen Frau war zu stark, und das ist in Ordnung. Es hat ihn gereizt, sich der Diskussion zu stellen. Und obwohl er einsah, dass sie nicht unbedingt zusammenpassten, wollte er sie in dem Moment nicht verlieren. Er war fasziniert von ihr. Von der neuen Situation. Von dem neuen Menschen.

Neues fasziniert uns grundsätzlich, und was uns fasziniert, das wollen wir eigentlich nicht zurückschneiden, sondern wir wollen mehr davon. Nur neigen Menschen leider generell zu einer absoluten Unterschätzung des Problems auf der einen Seite und einer Überschätzung unserer Harmoniefähigkeit auf der anderen. Klaas glaubte: Irgendwann versteht sie mich. Irgendwann macht sie sich mit mir auf den Weg und kommt mit in die Kirche. Er hat das Problem unterschätzt. Und er hat sich selbst überschätzt, indem er glaubte, durch die Liebe und den Sex und die Bindung kriegten sie das hin. Es ging auch gut – acht Wochen lang. Dann stellte sich der Alltag ein, die Anfangseuphorie war verflogen, und der Mann aus meiner Gemeinde stand wieder da wie am Anfang. Ohne Frau. Aber mit dem Willen, sich zu verändern.

Anders handelte eine Frau aus meiner Gemeinde. Sie kam vor Kurzem zu meiner Frau und sagte: »Ich habe mich von meinem Freund getrennt.« Meine Frau war überrascht, wir waren wenige Wochen zuvor noch bei ihr zum Essen eingeladen gewesen und sie hatte mit ihrem Freund gemeinsam für uns gekocht. Meine Frau fragte, warum sie sich getrennt habe. Die Antwort war folgende: »Ein Satz in der Predigt von Heiko hat mir zu denken gegeben. Er sagte: ›Wenn du wissen willst, ob das, was du tust, mittel- oder langfristig Sinn ergibt, Kraft kostet oder Kraft gibt, stell dir folgende Frage: Wie fühlst du dich nach zehn Minuten, wie fühlst du dich nach zehn Wochen, wie nach zehn Monaten und wie fühlst du dich mit der gleichen Entscheidung nach zehn Jahren?‹ Da wusste ich, dass ich mit diesem Mann nicht zusammenbleiben kann. Ich wusste, das geht jetzt noch gut in den nächsten zehn Minuten und vielleicht auch noch in zehn Monaten. Aber auf lange Sicht will ich noch Mutter werden und meine Kinder in meinem Glauben erziehen. Das passte mit seinen Vorstellungen vom Zusammenleben von Mann und Frau nicht zusammen. Ich wusste: Eine Trennung zu diesem Zeitpunkt wird weniger schmerzvoll sein als eine in der Zukunft«.

Die Frau hatte erkannt: Es gibt Dinge, die sind unvereinbar. Und sie hat sich all das gespart, was hätte kommen können: Scheidung mit Kindern, Wochenmodell, Streitigkeiten. Wir sprechen das nicht aus, weil wir nicht abgelehnt werden wollen. Die großen Wahrheiten werden also oftmals genauso wenig ausgesprochen wie die kleinen Bettgeschichten, die ich in Liebesgeheimnis 2 – die Offenbarung der dunklen Seiten – schon beschrieben habe. Die menschliche Angst vor Ablehnung und vor dem Alleinsein ist so groß, dass wir uns manchmal selbst verleugnen oder die Wahrheit nicht sehen wollen.

Levi ist verliebt in eine Frau, die in ihrem Leben gerade keinen Platz für einen neuen Mann hat. Sie muss sich um die Kinder ihrer Schwester kümmern, die krank ist, und die Bindung zu ihrer Familie ist stark. Was Levi nicht sieht: Sie will sich mehr um die Kinder kümmern als sie Energie in ihre neue Beziehung stecken kann, sie hat in ihrem Leben gerade andere Prioritäten. Am Ende ergeht es ihm wie Klaas: Er hat das Problem des falschen Zeitpunkts unterschätzt und die Brücken überschätzt, die eine neue Liebe bauen kann.

Brücken zu bauen ist ja auch in der Architektur eine der größten Künste. Die Statik einer Brücke ist entscheidend, und je länger die Distanz ist, die eine Brücke zu überwinden hat, desto mehr Gedanken müssen sich auch die Statiker machen, weil der Bau immer schwieriger wird. So ist es in Beziehungen auch. Und es gibt leider auch Distanzen, die sind nicht zu überbrücken unter bestimmten Gegebenheiten. Leider. Überlege also, ob du die Gesetze der Liebesstatik außer Kraft setzen möchtest – ich kann das auch verstehen, aber manches geht nicht. Die Statik hat ihre Grenzen. Die Eckpunkte des Lebens, die ich jetzt erkläre, müssen ungefähr an den gleichen Stellen sitzen.

Die Eckpunkte des Lebens

Zum Rückschnitt, den man im Voraus erkennt, gehört auch das, was ich bei der Ehevorbereitung, die ich mit Paaren vor der Hochzeit mache, die »Cornerstones des

Lebens« nenne. Wenn man also eine Beziehung eingehen oder festigen möchte (was man mit einer Hochzeit ja macht), sollte man gucken, ob die Eckpfeiler des Lebens zusammenpassen – und ob man Lust hat, sich als Paar zusammen weiterzuentwickeln. Ich formuliere das deshalb so klar, weil die Verletzungen am Anfang noch überschaubar sind, später dann aber viel tiefer gehen.

Uwe hat seinen 40. Geburtstag hinter sich, als er Tabea kennenlernt. Er hat für sich entschieden, dass er keine Kinder möchte, er fühlt sich zu alt. Tabea ist Mitte 30 und hat einen großen Kinderwunsch – sie hat sich in ihrer Vorstellung nie ohne Kinder gesehen. Das Problem ist: Die beiden reden über alles Mögliche, nur nicht darüber, wie ihr Lebensplan aussieht. Nach drei Jahren des Zusammenseins, in denen Tabea immer hofft, dass die beiden zusammen ein Kind bekommen werden, naht ihr 40. Geburtstag, ein Meilenstein. Sie fasst sich ein Herz und bittet Uwe um Klarheit. Der kann sich immer noch nicht vorstellen, Vater zu werden, und formuliert das auch so. Tabea verlässt ihn daraufhin, sie will ihren Lebenstraum nicht aufgeben. Was nach einer rationalen Entscheidung klingt, hinterlässt natürlich trotzdem riesige Verletzungen. Das Paar löst die gemeinsame Wohnung auf, im Freundeskreis redet man darüber, Tabea ist traumatisiert, Uwe versteht die Welt nicht mehr – und sie empfinden ja auch noch etwas füreinander. Es ist von ihr ein Abwägen: Beziehung oder Lebenstraum? Wie viel einfacher wäre es gewesen, hätten die beiden sich am Anfang der Beziehung darüber ausgetauscht, was die Eckpfeiler ihres jeweiligen Lebens sind.

Als Jan Sarah kennenlernt, sind sie erst nur Freunde und beide in Beziehungen. Sie geben sich gegenseitig Tipps für die jeweilige Partnerschaft, die erst bei der einen und dann bei dem anderen bröckelt – und tauschen sich aus, was ihnen in Beziehungen wichtig ist: der Glaube, der Zusammenhalt, die Planung einer Familie. Nachdem sie beide eine Zeit lang allein waren (Jan ein Jahr, Sarah etwas länger), gehen sie zusammen auf ein Konzert. Sie stehen fast vor der Bühne, die Menschen dicht an dicht, und Jan stellt sich hinter Sarah. Die Band fängt an zu spielen, und Jan riecht Sarahs Haar, das so schön duftet. In dem Moment verliebt er sich in sie. Sarah mag Jans starken Körper in ihrem Rücken, und die Nähe zu ihm ist plötzlich so angenehm. Angenehm vertraut. In der Mitte des Konzerts legt er die Arme um sie, sie dreht sich um, sie küssen sich und werden ein Paar.

Zwei Geschichten, zwei unterschiedliche Ausgänge. Die Erkenntnis dabei ist: Starte nicht unter falschen Vorzeichen in eine Beziehung. Denn wenn Verbindungen wie die von Uwe und Tabea kaputtgehen, weil nicht genug über die entscheidenden Punkte und Werte im Leben kommuniziert wurde, entsteht Resignation.

Wie anders bei Jan und Sarah, die wussten, worauf sie sich einließen, als sie den anderen in der Rolle des Partners in ihr Herz schlossen. Sie wussten, sie wollten beide Kinder. Sie wussten, sie würden gemeinsam in die Kirche gehen und sich dort einbringen. Zwei Eckpunkte in ihrem jeweiligen Leben, die miteinander harmonierten – und sich deshalb nicht nur gut anhörten, sondern auch im Alltag – auch wenn es mal Dissonanzen gab – funktionierten.

Was Rückschnitt nicht ist

Es ist richtig, bestimmte Teile seines Lebens zurückzuschneiden, damit andere noch mehr aufblühen können. Rückschnitt bedeutet aber nicht, sich komplett vom Leben abzukapseln, wie ich das oft in der pseudospirituellen Szene beobachte.

Roberta verbannt alles aus ihrem Leben, was sie »belastet«. Sie bricht den Kontakt zu ihrer Familie ab und hat auch sonst wenig mit anderen Menschen zu tun. Treffen mit alten Freunden vermeidet sie. Sie geht nur noch in ihren Yogakurs und guckt sich spirituelle Filme an. Sie findet, nur wenn es ihr gut gehe, könne sie auch

*anderen Kraft geben. Deshalb achtet sie nur noch auf
sich.*

Ich behaupte, Roberta ist einem Irrglauben aufgesessen.
Nur wer auf andere guckt und sich um sie kümmert, be-
kommt Kraft für sich. Nur auf sich zu schauen ist unge-
sund. Wer versucht, sich nur in einem heiligen, reinen
Umfeld zu bewegen, kriegt das Leben nicht mehr mit.
Das wäre so, als würdest du als Baum auf einer großen
Wiese stehen, mit anderen Bäumen und Tieren und der
Natur. Und du würdest reklamieren: »Ich darf mit den
anderen nicht in Berührung kommen. Ich darf nicht von
Tieren angekrabbelt werden, und der Regen darf mich
auch nicht berühren, ich will für mich allein stehen.«
Aber so funktioniert die Natur nicht. Du musst mitten
drin bleiben im Leben. Du musst dich von ihm fordern
lassen. Achte einfach darauf, um im Baum-Bild zu bleiben, dass deine Borke, die immer wieder vom Borkenkäfer angegriffen wird, in Ordnung bleibt. Die Borke ist deine Schutzfunktion, deshalb ist es gut, sich zu fragen: Wer
ist mein Borkenkäfer, wer krabbelt schon wieder auf mir
rum?

Dass dich Dinge nerven und dein Gleichgewicht stören
wollen, wird aller Erfahrung nach auch so bleiben. Die
Frage ist: Wie sehen deine Strategien aus, wie du damit
umgehst? Auch ich bin nicht frei davon, dann und wann
genervt zu sein. Und natürlich kommt auch auf mich das

Leben zu, auch die unangenehmen Dinge. Aber wenn das passiert, versuche ich, mich auf die guten Dinge zu fokussieren. Und mir abends drei Dinge zu sagen, die gut waren an dem Tag. Wer das zu albern findet oder meint, das funktioniere nicht, dem würde ich gern raten, mal einen Test zu machen, zehn Tage lang. Du formulierst jeden Morgen, was dich in der Nacht schon genervt hat (schlecht geschlafen, irgendwo eine Verspannung?), und jeden Abend, wenn du ins Bett gehst, noch mal, was am Tag schlecht gelaufen ist. Oder du machst es andersrum. Ich denke, indem du bewusst undankbar bist, wirst du wohl sagen: Dankbarkeit funktioniert.

Liebesgeheimnis 4
auf einen Blick

Wir leben in einer Gesellschaft, in der scheinbar alles immer höher, schneller, weiter gehen muss. Es gibt ja den weitverbreiteten Irrglauben, dass nur derjenige, der vom Teammitglied zum Regionalchef »aufsteigt«, den richtigen Weg geht. Dass nur ein Mensch mit Firmenwagen und 14 Monatsgehältern erfolgreich ist. Wir leben in einer verdrehten Welt. Aber sie ist so gut gelayoutet, dass wir glauben, das müsse so sein.

Dabei haben Herbststürme die Aufgabe, das Laub herunterzuholen und morsche Äste abzuknicken. Weinreben, die nicht mehr tragen, müssen zurückgeschnitten werden. Zu viele Äste am Obstbaum rauben Energie, die Früchte werden kleiner und mit den Jahren geht der Ertrag zurück. Das bedeutet: Wir müssen in unserem Leben und unserer Partnerschaft gucken, wo Rückschnitt Sinn ergibt, um uns wieder frisches und größeres Wachstum zu gönnen. Was tragen wir mit uns rum, das wir ablegen können? Wo können wir uns selbst durch Reduktion weiterentwickeln, um auch der Beziehung wieder frische Power einzuhauchen und sie mit innovativen Themen neu zu beleben? Nach dem Rückschnitt hast du wieder mehr Kraft für die Beziehung, kannst Schritte nach vorn gehen, weil du wieder sehen kannst, was du an deinem Partner hast.

♥ Aufräumen im Leben mit dem Lebensbaum

In unserem Leben ist manchmal sehr viel los. So viel, dass wir den Überblick verlieren, wenn wir uns nicht um Klarheit und Rückschnitt bemühen. Um rückschneiden zu können, musst du sehen, in welche Bereiche dein Leben aufgeteilt ist. Die siehst du dir näher an: Beruf, Freunde, Familie. Wo ist weniger mehr? Einen Lebensbaum zu zeichnen, ist dazu sehr sinnvoll.

♥ Nicht tragfähige Beziehungen erkennen

Rückzuschneiden bedeutet auch, weitsichtig zu handeln, um sich nicht Dinge in sein Leben zu holen, die nicht zu einem passen und von denen klar ist, dass sie in der Zukunft zu viel sein werden und zurückgeschnitten werden müssen. Denn Partnerschaften, die kaputtgehen, tun immer weh und sorgen unter Umständen dafür, dass Menschen überhaupt keine Beziehungen mehr eingehen möchten, weil sie verletzt wurden. Dabei hätte man mit Umsicht vorher schon erkennen können, dass die Beziehung nicht trägt (siehe Cornerstones des Lebens).

Übungen

Zeichne einen Lebensbaum

Was ist bei dir im Leben zu viel? Das kannst du gut visualisieren, wenn du einen Lebensbaum zeichnest. Jeder Bereich bekommt einen Ast, zum Beispiel könntest du einen Ast für Freundschaften zeichnen, einen für Beziehungen und so weiter. Jeder Ast hat Zweige, bei »Freundschaft« zum Beispiel: Freund X oder Y. Nun werden den einzelnen Verästelungen Energieflüsse zugeordnet, positive und negative, jeweils in einer anderen Farbe. So siehst du auf einen Blick, was und wer dir Energie gibt – und worauf du verzichten kannst, weil es dich nur Kraft kostet.

Bestimmt die Eckpfeiler eures Lebens

In Beziehungen ist es wichtig, von Anfang an die Cornerstones des Lebens abzustecken und einander zu fragen: Was ist dir wichtig? Es gibt Eckpunkte, die sind verrückbar, und andere, die sind es nicht. Beispiele: Kinderwunsch: unverrückbar – ich möchte irgendwann Vater oder Mutter sein. Mein Glaube: unverrückbar – ich möchte mich in meiner Kirche einbringen. Ein Jahr im Ausland wohnen: vielleicht verrückbar – wenn es meinem Partner nicht möglich ist, würde ich auch für ihn hierbleiben. Und so weiter. Macht doch einen Abend, an dem ihr aufschreibt, was für euch im Leben zählt. Macht Spaß, ist sehr informativ – und ihr könnt so vielleicht auch gleich einen Blick in eure Zukunft werfen.

Lagert Dinge aus

Muss man alles selbst machen? Nein. Es gibt Dinge, die kann man – je nach finanzieller Ausstattung – auch gut an andere Menschen auslagern, um mehr Zeit für die Beziehung zu haben. Eine Haushaltshilfe, einmal die Woche gebucht, könnte euch mehrere Stunden Zeit verschaffen, die ihr nicht mit Putzen verbringt. Oder wie wäre es mit jemandem, der euch die Einkäufe bringt? Spart Zeit und Nerven, und ihr könnt euch voll und ganz auf euch und das gemeinsame Erlebnis des Kochens konzentrieren – ohne schon »abgegessen« zu sein von der Schlange im Supermarkt oder der schlecht gelaunten Kassiererin.

Entdecke das Einfache

Wer anfängt zu zeichnen, lernt, die Welt in Formen einzu-
teilen. Es gibt davon weniger, als man vielleicht denken
könnte: Im Universum des Neu-Zeichners existieren zunächst nur Dreiecke, Quadrate und Kreise. Und tatsächlich, wenn ich mich in dem Raum umsehe, in dem ich
gerade sitze, liegen hier viele Dinge rum. Ich kann sie
alle einordnen als Kreise (zwei Gläser und zwei Kaffee-
tassen auf Untersetzern auf dem Tisch, dazu eine Kerze
und eine Blumenvase), als Rechtecke (Tisch, Tablet, Computer, Notizblock) und Dreiecke (der Rahmen des Fahr-
rads an der Wand besteht aus zwei Dreiecken, plus zwei
Kreise als Reifen).

Wenn der Zeichner also anfängt, ein Bild zu visualisieren, tut er das zunächst mal in diesen drei Grundformen.
Selbst Körperteile malt er so. Eine Hand etwa besteht aus
diversen Vierecken und zwei Dreiecken. Die Handfläche
und jedes Fingerglied sind die eckigen Formate, die Drei-

ecke sind der Daumen und der Armansatz. Oder eine Nase: Besteht aus zwei Dreiecken. Das erste ist umgedreht und beschreibt den Nasenanfang und den Übergang zur Stirn, das zweite hat die Spitze oben, die zwei Eckpunkte unten bilden die Mittelpunkte für zwei kleine Kreise, die Nasenflügel. Fertig ist die Nase.

Der Zeichner teilt sich eine komplizierte Welt in kleine Häppchen ein – und macht sie sich so einfach. Auch die Welt der Beziehungen ist kompliziert. Aber so kompliziert, wie sie auf den ersten Blick erscheint, ist sie nicht. Ich schlage vor, du machst sie dir so einfach wie der Zeichennovize.

Aber wie geht das – eine einfache Partnerschaft, wenn alles doch so kompliziert erscheint in unserer Welt aus Tinder-Dates, wachsenden Ansprüchen an Männer und Frauen und scheinbar unendlich vielen Möglichkeiten? Ganz »einfach«: Wir müssen Entscheidungen, auch die, die wir als Paar zu treffen haben, minimieren. Das bedeutet nicht, dass wir sie uns einfach machen. Aber wer Dinge einmal bewusst entscheidet, muss sich bei derselben Situation nicht immer wieder fragen, was er zu tun hat.

Entscheidungen nicht jedes Mal
neu treffen

Es verunsichert Menschen, dieselben Fragen immer wieder neu zu bewerten und Entscheidungen treffen zu müssen. Menschen funktionieren nach sogenannten Heuristiken. Bedeutet: Ich laufe einmal am Feuer vorbei, und wenn ich zu nah rangehe, weiß ich, ich verbrenne mich. Einmal gewusst werde ich ab dem Zeitpunkt nie mehr zu nah ans Feuer gehen, ich muss nicht jedes Mal testen, ob es da heiß ist.

Malte ist seit Kurzem mit Tatjana zusammen, und er freut sich, als sie ihn nach ihrem ersten gemeinsamen Einkauf bittet, die Tüten zu tragen, denn er legt viel Wert auf das traditionelle Männer-Frauen-Bild. Sie sieht es ebenso: Er ist der (starke) Mann, er trägt die Einkäufe. Deshalb bittet sie ihn darum. Er fühlt sich tatsächlich sehr männlich durch die ihm übertragene Aufgabe. Danach sprechen die beiden nie wieder darüber, es gibt keine Unsicherheiten. Er übernimmt das Schleppen der Einkäufe. Bisher hat Malte immer nur Frauen erlebt, die sagten, sie könnten ihre Taschen voller Lebensmittel auch selbst tragen, warum schließlich auch nicht? Aber Tatjana genießt es, dass er die Tüten trägt, es gehört für sie zu ihrem Beziehungsbild dazu. Darin passt sie gut zu Malte, dem ja auch an der konservati-

ven Rollenverteilung gelegen ist. Maltes neue Freundin kocht zum Beispiel und macht die Küche, während er zum Getränkeholen fährt. Durch diese klassische Aufteilung minimieren sie die Anzahl ihrer Konflikte. Sie wissen, was zu tun ist, und müssen nicht jedes Mal neu verhandeln.

Wir Menschen lieben Heuristiken. Wir bewerten Situationen nach solchen, die in der Vergangenheit schon mal aufgetreten sind. Wir sehen: Diese Situation ist ähnlich wie die vorangegangene. Also verhalte ich mich, ohne lange nachdenken zu müssen, in der neuen Situation so wie in der, die schon mal aufgetreten ist. Das könnte man auch Berechenbarkeit nennen. Nicht jedes Mal muss wieder neu verhandelt werden. Vom Denkapparat sind wir Menschen auf Faulheit eingestellt. Alles, was wir nicht ständig neu überprüfen müssen, ist großartig für uns. Das geht übrigens durch alle Bereiche, das gilt nicht nur für Beziehungen. Viele Menschen bleiben ja auch gern 20 Jahre in ihrem Job. Weil sie alles kennen.

Was passiert aber mit Menschen, die immer wieder neue Entscheidungen treffen müssen, weil die Heuristik nicht mehr so ist wie letzte Woche? Sie werden unsicher. Entscheidungen zu treffen, die man schon mal getroffen hat, kostet nämlich Energie, die man anderswo viel besser gebrauchen könnte. Beziehungen werden gefühlt anstrengend – egal ob das Freundschaften oder Partnerschaften sind –, wenn Heuristiken ständig neu definiert werden müssen. Deshalb ist es so unglaublich wichtig, Dinge klar zu haben.

Ich will noch mal kurz zum Beispiel mit dem Tütentragen zurück. Ich selbst funktioniere da nämlich ganz anders als Malte. Wenn Maja mir Tüten zum Tragen gibt, antworte ich: »Du hast keinen Kleintierzoo zum Tütentragen geheiratet, ich bin nämlich kein Esel, sondern dein Mann. Und als solcher wurde ich dir an die Seite gestellt.« Aber jetzt kommt es: Weil ich weiß, dass sie es mag, wenn ich ihr mit den Einkäufen helfe, trage ich ihr die Tüten. Obwohl ich nicht ihr Esel bin.

Die Frage ist aber nicht, wer wem die Tüten trägt. Die Einkäufe können als Beispiel durch unendlich viele andere ersetzt werden: Wer macht die Wäsche, wer putzt die Wohnung, wer kocht das Essen, wer räumt auf und wer bringt die Kinder in die Schule oder die Kita: Wie ergibt sich die Verteilung? Learning by doing? Oder ergibt sich die Verteilung, weil man als Paar darüber gesprochen hat und etwas entscheidet? In dem Partnerschaftstest »Prepare/Enrich«, den ich mit meinen Klienten in der Ehevorbereitung mache, wird genau diese Verteilung der Aktivitäten abgefragt: Ist sie einfach so entstanden und hat sich ergeben durch das gemeinsame Leben, ohne dass darüber gesprochen wurde? Oder wurde sich darüber abgesprochen, und sie ist deshalb so? Und sind beide Partner mit dieser Aufteilung einverstanden? Es ist sehr spannend, was sich aus diesen Tests ergibt. Zum Beispiel welche Dynamik eine Beziehung durch bestimmte Charaktereigenschaften der Partner bekommt.

So kann Streit entstehen

Wie wichtig Klarheit in der Beziehung und das Wissen um den Charakter des Partners sind, zeigt dieses Beispiel, das ich dem Ehevorbereitungstest »Prepare/Enrich« entnommen habe, bei dem den Partnern viele Fragen (inklusive Kontrollfragen) gestellt werden. Hier ein Auszug.

Die bildhafte Auswertung aus dem Test:

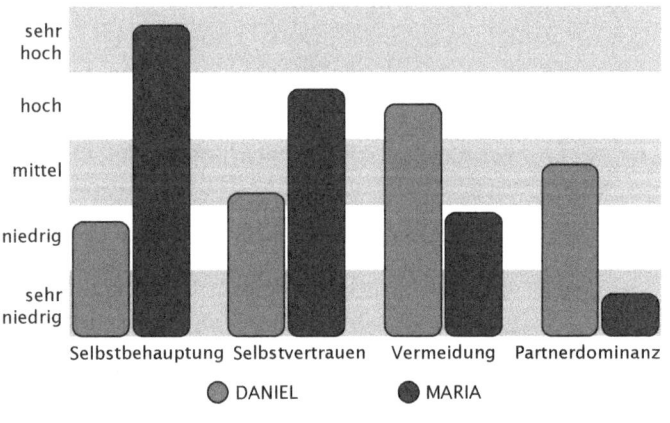

© Prepare/Enrich

Die Erklärung

Bei der Abbildung geht es darum zu zeigen, wie hoch das Selbstvertrauen und die Selbstbehauptung der beiden Partner Maria und Daniel sind. An den Balken sieht man: Sie weiß, was sie kann, ihr Selbstvertrauen ist hoch. Und sie spricht Probleme an (hohe Selbstbehauptung). Ganz anders ihr Mann Daniel. Er hat auch Selbstvertrauen, aber eine unterdurchschnittliche Selbstbehauptung. Ihm fällt es also schwer, das zum Ausdruck zu bringen, was in ihm ist.

So weit ist das noch nicht schlimm, aber jetzt wird es gefährlich: Sein Vermeidungspotenzial ist überdurchschnittlich hoch. Das heißt, er weiß, was er kann, kann es aber nicht verbalisieren, und weil er merkt, dass er es nicht ausdrücken kann, vermeidet er es. Und alles staut sich in ihm auf. Bis es nicht mehr geht, und dann platzt es heraus.

Und Maria? Die sagt natürlich: Warum hast du mir das denn nicht erzählt? Weil es für sie nicht nachvollziehbar ist, dass sich jemand nicht ausdrücken kann – sie kann es ja, hat eine große Selbstbehauptung. Und sie vermeidet nichts. Sie sagt sofort, was ihr nicht passt.

In verschlüsselten Fragen werden die Partner dann auch gefragt: Empfinden Sie Ihren Partner als dominant? Schauen Sie mal auf die Antworten. Bei diesem Test wird einem einiges klar, oder?

Klarheit in der Beziehung

Das Rollenverständnis und die Absprachen in der Partnerschaft haben großes Gewicht, sie sind verantwortlich dafür, wie deine Beziehung designt ist. Muss alles immer neu verhandelt werden, wird auch jede Diskussion zur Achterbahnfahrt. Wir alle mögen aber Klarheit. Das sieht man nicht nur in Beziehungen, sondern auch an den Produkten, die wir schätzen: Wir mögen Firmen, die ein klares Profil haben. Wer einen Apple-Computer kaufen will, hat nicht so viel Auswahl. Es gibt ein MacBook Pro für die Profis und ein MacBook Air für den Privatanwender, dazu noch etwas Auswahl für alle, die wirklich viel Rechenleistung brauchen, weil sie zum Beispiel Grafikprogramme nutzen. Auch von den iPhones gibt es pro neuem Modell nicht so viele Varianten, zwei Größen, und dann kann man noch zwischen unterschiedlichen Speichervarianten wählen. Da sind relativ wenige Entscheidungen zu treffen. Das macht es uns einfach, und wir haben trotzdem ein Premiumgerät.

Wie anders ist es bei Herstellern, die nicht premium sind: gefühlt tausend Namen für tausend Modelle, die nicht aus einem Guss sind und für mein Gefühl keine klare Linie haben.

Wer sich in eine Subway-Filiale verirrt, einer Lebensmittelkette für Fast-Food-Sandwiches, muss dort so viele Entscheidungen treffen, dass ihm schwindlig wird. Deshalb hat auch die Beziehung von mir und Subway nicht lange gehalten. Wir hatten sozusagen einen One-Day-Stand in einer fremden Stadt, als mich der Hunger plagte. Ich ging rein und wurde schon von der unübersichtlichen Tafel über dem Tresen erschlagen. Aber mein Hunger war groß, ich stellte mich an. Und während ich noch guckte, was ich überhaupt möchte, kam schon die Verkäuferin und fragte mich aus: Welches Brot, welche Soße, welche Salate, welche Zutaten? Mir wurde ganz komisch, ein Gefühl der Wut stieg in mir auf! Ich wollte doch nur ein einfaches Sandwich bestellen. Aber das ist bei Subway eben nicht einfach, sondern ich fühlte mich wie in einem abstrakten Gemälde – ich kannte mich nicht mehr aus. Das Problem bei Subway war aber noch ein anderes. Das Sandwich, das ich mir am Ende zusammengestellt hatte, schmeckte mir tatsächlich gut. Nur werde ich es leider nie wieder so hinbekommen. Mein leckeres Sandwich war also Zufall. Keine Beziehung, in der vieles immer neu ist, hält ewig.

Ein positives Beispiel ist dagegen der Besuch des Stammitalieners um die Ecke – mit der geordneten Karte. Üblicherweise kann man dort aus mehreren Pizzen wählen, aus einigen Pasta- und Fleischgerichten. Und zu jeder Pizza steht einzeln noch mal, was drauf ist. Man könnte ja auch sagen: Der Teig ist immer mit Tomatenmark belegt, und der Kunde kann aus mehreren Toppings wählen: Spinat, Schinken, Ananas, Pilze oder Gorgonzola-Käse. Macht man aber nicht. Warum? Weil es für den Gast, der sich etwas aus der Karte raussucht, unkomfortabel ist und für einige eine Überforderung darstellt. Viele Menschen brauchen in ihren Stammlokalen ja nicht mal die Karte einzusehen – sie bestellen aus dem Kopf oder freuen sich schon den ganzen Tag auf die Bolognese-Nudeln. Sie gehen immer wieder zu »ihrem« Italiener, weil sie wissen, was sie dort bekommen. Oft weiß sogar schon der Kellner, was der Stammgast haben möchte.

Das Rollenverständnis klären

Die Fast-Food-Kette zeigt also, wie man sich in Beziehungen nicht verhalten sollte. Das Wer-macht-Was klar zu definieren, das ist eine der zentralen Aufgaben in einer Beziehung. Das allerdings ist in der heutigen Zeit leichter gesagt als getan. Denn solche Absprachen sind eng verbunden mit dem Rollenverständnis der Geschlechter. Wann ist ein Mann ein Mann, fragt Grönemeyer in dem Song, den wir alle im Ohr haben, wenn man diesen Satz nur liest. Und wann ist eine Frau eine Frau? Als Grönemeyer den Song in den 1980er-Jahren veröffentlichte, war vieles noch viel einfacher als heute, wo jedes Geschlecht alles machen kann und soll und darf. Ich finde das richtig und gut. Nur vereinfacht es die Dinge eben nicht, wenn es keine klare Verteilung mehr gibt, die durch die Gesellschaft quasi implizit ist. Nun muss sich jedes Paar selbst seine Verteilung suchen, was trotz aller Anstrengung natürlich eine tolle Möglichkeit bietet.

Martin arbeitet in der Berliner Start-up-Szene wie seine Frau Helene auch. Nur: Sie ist deutlich erfolgreicher als er. Den Firmenwagen bekommt sie vor die Tür gestellt, neue Angebote trudeln über ihren Headhunter ein. Sie steigt in einem Start-up, das man schon fast zur Old Economy zählen könnte, schnell bis in die höchste Ebene auf, da ist sie noch keine 40. Martin ist viel zu Hause und schreibt an einem Konzept für ein neues Unternehmen, das er bald gründen möchte. Aber so richtig begeistern kann sich bisher keiner dafür. Martin entscheidet eines Tages, zu Hause zu bleiben und sich nur noch um den gemeinsamen Sohn zu kümmern, der bald in die Schule kommen soll. Ihm fällt die Entscheidung nicht leicht, aber er trifft sie zum Wohl der Familie und ist zufrieden damit.

Wenn Helene und Martin auf eine Party kommen (und sie werden viel auf Partys eingeladen aufgrund Helenes hoher Position), müssen sie die Verteilung der Aufgaben immer wieder erklären. Wenn die Rollenverteilung anders ist als die gesellschaftliche Norm es vorgibt, wirft das immer noch Fragen auf. Ein Mann, der zu Hause bleibt und sich um die Kinder kümmert? Ist eben leider auch 2020 immer noch ungewöhnlicher und erklärungsbedürftiger als eine Frau, die ihre Karriere für die Familienplanung hintanstellt. Aber das gesellschaftliche Bild wird so langsam flexibler, und was die anderen sagen, ist nicht entscheidend. Wichtig ist einzig und allein das gemeinschaftliche Leben des Paars. Er hält ihr den Rücken frei. Die beiden sind glücklich. Ihre Partnerschaft ist im wahrsten Sinne des Wortes geregelt.

Die Veränderung in der Gesellschaft ist dennoch enorm, wir dürfen nicht mehr anecken. Ist es zum Beispiel erlaubt, dass der Mann beim ersten Date mit einer Frau die Rechnung übernimmt? Das ist zumindest nicht mehr so selbstverständlich wie zu meiner Jugend, als ich meine Großmutter nach 50 Mark fragen musste, wenn ich ein Mädchen zum Essen ausführen wollte.

Als Sascha zum ersten Mal mit Susanne aus ist, sie haben sich auf Tinder kennengelernt, weiß er nicht, wie er sich beim Bezahlen verhalten soll. Während des Gesprächs hat sie durchblicken lassen, dass sie es nicht gut leiden könne, wenn sie jemandem etwas schuldig sei. Als dann die Rechnung kommt, sagt er dem Kellner, dass sie getrennt bezahlen würden: zwei Glas Rotwein, die Pizza und den Salat für sie, Bier und Arrabiata für ihn. Als sie zusammen nach Hause gehen und er ihr zum Abschied einen Kuss geben will, weil er Susanne wirklich toll findet, lässt sie ihn abblitzen. Ein Mann müsse ja wohl immer noch eine Frau, mit der er ausgehe, zum Essen einladen, sagte sie ihm. Böse Falle.

Was wäre gewesen, wenn er die Rechnung komplett übernommen hätte? Das wäre in dem Fall vielleicht richtig gewesen, bei einer anderen Frau nicht. Das Beispiel zeigt wieder einmal, dass nur aufrichtige Kommunikation zu Klarheit führt. Sascha hätte zum Beispiel sagen können, dass er gerne die Rechnung übernehmen wolle, wenn das für Susanne okay sei.

Für meinen Freund Robert käme solch ein Kompromiss gar nicht infrage. Er ist ein Kavalier alter Schule, ausgestattet mit so viel Selbstbewusstsein, dass er nur seine eigenen Spielregeln gelten lässt.

Heute ist er mit einer ebenfalls sehr selbstbewussten Frau verheiratet, aber davor? Dass eine Frau bezahlte, die er datete, wenn sie mit ihm in ein Restaurant ging, war undenkbar. Eher wäre ihm die Hand abgefallen oder etwas anderes. Ich habe ihn gefragt, ob ich ihn hier mit echtem Namen veröffentlichen kann. Seine Antwort. Na klar! Nichts anderes habe ich von ihm erwartet.

Wenn Robert essen ging, bezahlte er. Klar. Aber auch darüber hinaus behandelte er die Frauen wie ein Kavalier alter Schule. Seine Einstellung, die er klar kommunizierte, lautete dezent formuliert etwa so: »Ich lade dich ein, weil du 'ne tolle Frau bist. Ob wir uns wieder-

sehen oder nicht, zeigt die Zeit, aber es ist mir eine gro-
ße Ehre, dich einzuladen.« Er kam mit diesem Kurs bei
den Frauen sehr gut an. Ich kann mir vorstellen, war-
um: Robert war immer klar. Es gab bei ihm keine Zwi-
schentöne.

Aber nicht jeder ist so eindeutig veranlagt, und auch nicht jedes Paar funktioniert nach einfachen Spielregeln. Wie auch immer man leben möchte und was für Abspra-chen man treffen will, das gilt es für jeden selbst heraus-zufinden. Aber ich gebe den guten Rat: Die Dinge sollten einfach und klar formuliert sein.

In der Einfachheit liegt Magie. Hier im Wohnzimmer von Lars Christiansen, wo dieses Buch entsteht, hängt ein Herrenrad an der Wand. Es ist sehr einfach designt und sieht ein bisschen aus wie ein Rad von früher. An dem Fahrrad ist nichts zu viel, es ist kein Schnickschnack dran, aber alle Anbauteile wurden wohlüberlegt und sorgsam ausgesucht. Es hat keinen Schnickschnack, kei-ne 28 Gänge, keine Scheibenbremsen, sondern es ist schlicht und klar. Und edel. Deine Beziehung wird auch wertvoller, wenn du entscheidest, was in sie reingehört und wie du sie gestaltest. Lass sie nicht einfach passie-ren. Am Ende stehen viele oft allein da. »Es war alles so kompliziert«, höre ich oft, wenn sich jemand getrennt hat. Und es gibt sogar in sozialen Netzwerken den Bezie-hungsstatus »kompliziert«. Das ist inzwischen eine feste

Begrifflichkeit. Aber schwierig sollte es nun wirklich nicht sein. Egal was es ist: Hausaufgaben, Freunde, Rezepte beim Kochen, die Bedienung des Autos, Finanzsysteme: Kompliziert ist nie gut und steht für Hilflosigkeit. Weil ich etwas nicht durchschaue.

Einfach, nicht einfältig

Das Ziel sollte sein, dass die Beziehung einfach im Handling ist. So muss keiner um die Ecke denken und erahnen, was der Partner meint.

Mit Einfältigkeit hat eine einfach geführte Beziehung übrigens nichts zu tun. Im Gegenteil, man kann sich bei wenig Gedankenlärm, der zum Beispiel um die Befindlichkeiten des anderen kreist, sogar viel besser auf das Realisieren von gemeinsamen Unternehmungen oder Urlaubsplänen konzentrieren, wenn einem die Kompliziertheit nicht die Energie raubt. Ein iMac ist ja auch keineswegs einfältig, aber durchaus einfach – im Handling. Ist deine Beziehung einfach in der Handhabung, ist das wie ein Sechser im Lotto. Dann kannst du nämlich du selbst sein und musst dich nicht verstellen.

Marlon spricht sehr früh mit seiner neuen Partnerin Stella über seine Liebessprachen »Zärtlichkeit« sowie »Lob und Anerkennung« (siehe Liebesgeheimnis 3, falls du die Kapitel nicht chronologisch liest). Auch sie teilt ihm ihre Liebessprachen mit. Das Ergebnis: Die Beziehung läuft rund von Anfang an. Sie berührt ihn immer wieder und lobt ihn für das, was er tut und wie er sie behandelt. Die beiden haben das Glück, dass auch Stellas erste Liebessprache Zärtlichkeit ist, sodass auch sie sehr empfänglich für die Berührungen von Marlon ist. Dadurch, dass sie schon ganz am Anfang ihrer Beziehung dem neuen Partner quasi eine Gebrauchsanleitung gegeben haben, ist das Handling für sie sehr einfach. Niemals zuvor haben sich die beiden so geliebt gefühlt. Alles fühlt sich so leicht an, weil es leicht ist.

Die Beziehung von Marlon und Stella ist einfach designt. Sie wissen, was sie aneinander haben und was ihnen guttut. Das bedeutet natürlich keinesfalls, dass die Partnerschaft anspruchslos ist – auch das wird leicht verwechselt. Marlon wollte ja eine Partnerin, die zärtlich zu ihm ist und ihn lobt. Das war sein Wunsch, den er für sich formuliert hat, nachdem er von den Sprachen der Liebe gehört hatte und fasziniert von ihnen war. Und einen Menschen, der sich ein einfach designtes Produkt aus edlen Materialien wie ein Fahrrad für 2000 Euro kauft, entscheidet sich ja explizit für dieses Produkt. So jemanden würde man auch niemals als anspruchslos bezeichnen. Anspruchslosigkeit hat mit Einfachheit nichts zu tun. Manchmal ist es sogar genau anders herum: Der Käufer hat einen extrem hohen Anspruch an diese Geräte. Deswegen müssen sie so einfach sein. Gäbe es diesen Anspruch nicht, würde er sich auch ein anderes Gerät kaufen.

Der Anspruch ist es allerdings oft, der uns in die Falle lockt. Wenn ich Menschen höre, die davon erzählen, wie ihr Wunschpartner sein soll, klingen die immer wie aus einem Katalog: Blond soll die Frau sein und sportlich und eigenständig und immer Lust auf Sex haben. Der Mann soll am besten groß sein und gern was unternehmen und sich Kinder wünschen und viel Geld verdienen. Und wenn das dann alles nicht so ist, weil wir einfach Menschen sind und keine Maschinen? Dann swipen wir weiter und suchen nach dem oder der Nächsten. Vielleicht hat der oder die ja mehr zu bieten oder entspricht mehr dem, was wir uns an unserer Seite vorstellen.

Ansprüche stellen wir aber nicht nur an unsere Partner: die, die wir haben, oder die, die wir uns wünschen. Auch an uns selbst haben wir hohe Anforderungen: Wir wollen toll aussehen, fantastische Liebhaber sein, wohlerzogene Kinder großziehen. Und natürlich genügend Geld und eine schöne Wohnung, für die wir arbeiten müssen. Diese Mischung hält das Hamsterrad, in dem wir uns bewegen, immer schön in Schwung und lässt uns nicht zur Ruhe kommen. Doch wer nur in Bewegung ist, an dem zieht alles schnell vorbei. Er übersieht oft die Schönheit der einfachen Dinge. Und zur Schnelligkeit des Lebens, in dem wir uns pausenlos um uns selbst drehen, kommt noch Lautstärke hinzu: das Grundrauschen aus Handykonsum, Nachrichten und ständiger Erreichbarkeit.

Inseln der Einfachheit

Natürlich ist das Leben nicht einfach, sondern sogar ziemlich kompliziert. Und man kann es trotz vieler Ratgeber auch nicht einfacher machen. Es ist unmöglich, das Leben insgesamt zu vereinfachen, weil es das Größte ist, was wir haben. Vielleicht ist es zeitlich auch gerade nicht drin bei dir, deinen Hausstand zu entsorgen und alles umzukrempeln, wie das in vielen Büchern empfohlen wird. Vielleicht ist es aber an der Zeit, einen Teil deiner Kalenderwoche zu vereinfachen und dir Inseln der Einfachheit zu schaffen. Da klaffen Anspruch und Wirklichkeit nicht so weit auseinander. Und dann kannst du Stück für Stück mehr von dem machen, was dir guttut.

Ich bin neulich mal einfach so losgegangen. Ich sag das nicht gern, aber zunächst hat mich das richtig Überwindung gekostet. Als ich die Idee hatte, fragte ich mich sofort: Muss das sein? Kann ich die Zeit, die ich jetzt »übrig« habe, nicht irgendwie nutzen? Für ein Projekt oder einen Anruf, den ich machen muss? Ich habe meine Zweifel dann verworfen, mir meine Jacke angezogen und bin durch meinen Kiez in Berlin Weißensee gelaufen. Einfach so. Ohne Ziel. Ich habe mir nur die Häuser angeguckt, die ich sonst nicht sehe, weil ich immer von Termin zu Termin hetze. Meine Güte, kam ich mir verrückt vor! Ich sah die hübschen Fassaden und hörte die Vögel, wie sie sich unterhielten. So schön! Auf dem Rückweg fiel mir dann ein, dass ich ja noch eine Milch mitbringen könnte. Aber ich habe es nicht gemacht. Wie krass habe ich mich gefühlt, als ich, ohne etwas zu tun, an dem Geschäft vorbeiging! Das hätte dieser Sache schließlich einen Zweck gegeben. Und das wollte ich nicht.

So ein Spaziergang »bringt« natürlich erst mal nichts. Aber nur auf den ersten Blick. Auf den zweiten bringt er schon was. Das Aufschreiben dieser Geschichte zum Beispiel. Und meine Erinnerung an diesen ganz und gar nicht optimierten Moment. Denn Optimieren ist etwas, das wir immer tun: Wir überlegen, was wir auf dem Weg zum Kind-von-der-Schule-Abholen noch erledigen können. Schnell noch ein paar scharfe Peperoni vom Asiaten für die Bolognese am Abend besorgen, Knabberzeug für die Faschingsparty vom Discounter einpacken und die fertigen Stiefel mit den neuen Absätzen beim Schuster einsammeln. Bei Umzügen sagt man ja scherzhaft: Lauf niemals leer. Das bedeutet, man soll keinen Weg ohne etwas in der Hand machen. Für die Seele ist das Gegenteil richtig. Wir müssen ab und zu nichts tun, weil wir sonst selbst leerlaufen. Und wer alle ist, hat die Tür zur Depression schon aufgemacht.

Den Streifzug durch das eigene Viertel kann man als Übung auch gut als Paar machen. Spaziert zu zweit los ohne Ziel, schaltet das Handy aus und geht ins Café, ohne einen Plan. Was fast profan und nach »zu einfach« klingt, ist für den Einzelnen oft gar nicht mehr einfach. Zu sehr sind wir schon darauf konditioniert, uns mit dem Handy abzulenken, zu gucken, ob neue Nachrichten da sind, was in den sozialen Netzwerken los ist oder was der News-Feed sagt. Aber nur wenn Stille ist, ohne Nachrichten-Grundrauschen, entdeckst du unerwartete Perspektiven und neue Gedanken keimen in dir auf. Übrigens wird das wahrscheinlich auch nicht von jetzt auf gleich passieren, auch ich musste mich auf meinem Spaziergang erst an die neue Situation gewöhnen. Es ist ungewohnt und krass, ohne das Handy unterwegs zu sein. Man ist ja auch überhaupt nicht erreichbar.

Wenn ihr euch aber daran gewöhnt habt, wird es toll. Wenn die Ruhe einkehrt und der Griff zum Handy ins Leere läuft. Das Schöne an dieser Übung ist: Ihr erfahrt wieder etwas voneinander, wenn keiner stören kann. Und unterhaltet euch. Ich empfinde es immer als sehr seltsam, wenn ich diese stummen Paare nebeneinander im Restaurant sitzen sehe – beide mehr mit dem Handy beschäftigt als miteinander. Aber das ist ja kein seltener Anblick mehr. Es ist normal geworden, und hier in Deutschland ist das Handyaufkommen ja noch relativ gering. In asiatischen Ländern laufen gefühlt alle mit der Blickrichtung nach unten zum Smartphone.

Eine Variante dieser Übung ist es, getrennt voneinander loszulaufen. Jeder ohne Handy, ihr könnt euch also nicht erreichen. Und abends trefft ihr euch dann zu einer verabredeten Uhrzeit an einem bestimmten Ort und erzählt euch von euren Erfahrungen und Gedanken bei einem guten Glas Wein: Was wollt ihr noch erreichen im Leben, als Einzelperson, aber auch als Paar? (Mehr darüber schreibe ich im Liebesgeheimnis 8 – »Visionen«.) So geht ihr vorwärts und bleibt nicht stehen auf eurem Weg, der euch nach dem vorgezeichneten Modell (Schule, Studium, Jobs, Kinder) manchmal so langweilig vorkommt.

Durch diese Übung lernt man, die Einfachheit der Dinge wertzuschätzen. Ich treffe immer wieder Paare, die mir berichten, dass sie trotz einer schönen Eigentumswohnung (war mal ein Ziel) in begehrter Wohnlage (war ein Muss), trotz gut dotierter Jobs (war harte Arbeit), trotz zweier gesunder Kinder (war auch harte Arbeit:-)) und außergewöhnlicher Urlaube eine Sehnsucht, manchmal sogar eine Leere in sich spüren und sie sich irgendwie in die Studienzeit in die WG-Bude mit bescheidenen Mitteln und mittelprächtigem Rotwein zurücksehnen. Alles war irgendwie aufregender damals, interessanter als ihr Leben heute. Die spannende Frage ist ja: Warum fühlt sich das für die Menschen so an? Müssten sie nicht die ganze Zeit vor Freude in die Luft springen bei den ganzen Zielen, die sie erreicht haben? Tolle Jobs, tolle Wohnungen in begehrter Lage, tolle Kinder?

Immer wenn Marco seinen Arm auf die Mittelarmlehne seines Audi A7 legt, spürt er, was er alles erreicht hat. Er hat sein eigenes Unternehmen gegründet und ist damit sehr erfolgreich. Und doch sehnt er sich manchmal zurück nach seiner Zeit als Student, als er immer mit dem Hammer auf den Anlasser seines alten Passat klopfen musste, bevor er den Wagen starten konnte. Damals fühlte sich alles freier für ihn an. Der orangefarbene Kombi ist für ihn verknüpft mit tollen Partys, zu denen er am Wochenende fuhr, und dem Gefühl, sein Leben liege noch vor ihm.

Wer bin ich?
Nicht: Was bin ich?

Der irische Schriftsteller C. S. Lewis sagte mal sinngemäß: Wenn ich auf dieser Welt als Mensch immer wieder eine Sehnsucht verspüre, die scheinbar kein Ding der Welt befriedigen kann, dann ist die wahrscheinlichste Erklärung, dass wir für eine andere Welt geschaffen sind. Nur: Was für eine andere Welt könnte das sein?

Ich behaupte: Es ist eine Welt, die sich nicht darüber definiert, was wir alles »geschafft« haben. Die ist nämlich sehr anstrengend, und man muss viel Aufwand betreiben, um die Fassaden aufrechtzuerhalten. Ich denke, wir brauchen eine Welt, die die Menschen nicht danach beurteilt, was sie auf die Frage »Und was machst du so?« antworten. In einer gesunden Welt würden wir den anderen vielleicht fragen, ob er glücklich ist mit seinem Leben und seinen Kindern oder ob derjenige nah an seiner Bestimmung lebt. Wenn du mal einen verdutzten Gesichtsausdruck sehen willst: Frag doch mal eher so was als nach dem Beruf und dem Erfolg.

Kurz nach meiner Pleite habe ich mich auf Partys oft sehr einsam gefühlt. Davor war ich jemand gewesen, zu dem die Menschen aufgeschaut hatten: jung und erfolgreich. Und wer war ich jetzt? Davor hatte ich mich über meinen Beruf und mein Geld und vielleicht auch mein dickes Auto definiert. Es war leicht, auf die Frage »Und was machst du?« zu antworten und dann ein anerkennendes Nicken beim Gegenüber auszulösen. Was sagte ich jetzt? Wer war ich, Heiko Kienbaum? Was machte mich aus, abgesehen von meinem Beruf? Es waren mein Glaube, meine Werte – aber das sollte ich erst später herausfinden.

Heute sage ich: »Wer bin ich?« Diese Frage ist schwierig zu beantworten. Wir alle sind so eingebunden in tägliche Aktivitäten, Stille kann gar nicht mehr eintreten.

Aber es lohnt sich, sich zu fragen, was man will. Manchmal sind das eben auch ganz einfache Dinge.

Henning hat eine eigene Werbeagentur in Bremen, fährt einen schicken Kombi und macht viele Urlaube. Bis ihm alles zu viel wird. Er hat keine Lust mehr. Hat er ein Burn-out? Zumindest eine Identitätskrise. Der Druck ist ihm zu hoch, er will wieder Angestellter sein, nicht mehr selbstständig. Er verkauft schließlich die Anteile an seiner Agentur und fängt in der Marketingabteilung eines öffentlichen Arbeitgebers in Hamburg an, wo er sich um Werbung für die städtischen Verkehrsbetriebe kümmert. Aber auch das ist nicht seine letzte Station. Nach mehreren Jahren kündigt er – und macht sich Gedanken, was er eigentlich mit seinem Leben anfangen will. Er segelt unglaublich gern. Ob sich daraus nicht eine Lebensgrundlage entwickeln ließe? Es klappt: Er kauft ein großes altes Boot, mit dem er heute im Sommer über die Hamburger Alster segelt. Oft mit Junggesellenabschiedsrunden an Bord, oder Firmen buchen ihn für eine Tour. Und was macht Henning im Winter? Oft sitzt er auf einer Eismaschine und zieht in Stadien das Eis glatt. Henning ist glücklich. Er hat sich gefunden. Und hat eine tolle Geschichte zu erzählen, wenn er auf einer Party ist.

Die Frage ist ja: Was brauchen wir, um glücklich zu sein? Einen BMW X5? Einen Range Rover? Henning fühlt sich heute besser als zu jener Zeit, als er Agenturchef war. Und ich? Gar keine Frage! Ich führe ein Leben, das nah an meiner Bestimmung ist. Ich brauche nicht mehr als meine Familie und Menschen um mich herum, die mich inspirieren. Aber muss nun jeder gleich seinen Job an den Nagel hängen und sein ganzes Leben überdenken, so wie ich es gemacht habe oder wie Henning, der im Sommer segelt und im Winter das Eis glatt macht? Nein. Wir müssen nicht alles über Bord schmeißen. Darum geht es auch nicht, und es wäre auch unrealistisch und unnötig. Aber wir müssen versuchen, in unserem Leben die Waagschale zu halten zwischen unserem Alltag und den Inseln der Einfachheit.

Daniel-Fasten

Im Buch Daniel des Alten Testaments wird das Daniel-Fasten beschrieben. In Kapitel eins wird ausgeführt, wie Daniel und seine Freunde sich nur von Wasser, Obst und Gemüse ernähren und den Versuchungen Fleisch und Wein widerstehen. Nach zehn Tagen Abstinenz fühlen sie sich deutlich fitter als all diejenigen, die in dieser Zeit vom königlichen Buffet gelebt haben. Daniel machte das in einer Phase der Entscheidungsfindung, dafür ließ er bestimmte Sachen weg.

Was bedeutet das für uns? Wäre es nicht gut, das Fasten in unsere digitale Welt zu übersetzen und einfach zu leben und auch mal bestimmte Sachen wegzulassen, um einen anderen Fokus zu bekommen?

Mark und seine Familie wollen eine Zeit lang den Fernseher aus ihrer Wohnung verbannen. Die Kinder protestieren, und auch für die Erwachsenen ist es nicht einfach. Sie sind es gewohnt, nach einem langen Tag das TV-Gerät zur Entspannung einzuschalten. Nun können sie keine Serien mehr sehen, keine Filme und Spielshows, die allen so viel Zerstreuung boten. Die ersten Tage sind ungewohnt, sie wissen erst mal nicht, was sie mit der vielen Zeit anfangen sollen, die so ein Fernseher ja auch »frisst«. Sie fangen an, Gesellschaftsspiele rauszukramen und miteinander zu spielen. Schon nach wenigen Tagen treffen sie sich abends immer zum Kniffeln. Sie machen einen richtigen Wettbewerb daraus – und haben viel Freude daran. Der Fernseher steht nach wie vor im Keller. Und nur wenn sie wirklich etwas sehen wollen, holen sie ihn nach oben in die Wohnung und schalten ihn an.

Ich selbst habe vor Kurzem Kaffee gefastet. Ich dachte, ich könnte es nicht, ich könnte nicht auf den Kaffee am Morgen und einen leckeren Flat White im Café um die Ecke verzichten. Und genau deswegen habe ich es ge-

macht. Die ersten drei Tage waren furchtbar, nur Kopf-
schmerzen. Aber dann, ab dem vierten, fünften Tag, wurde es total schön. Wie sehr der Kaffee einen pusht, merkt
man ja erst, wenn man ihn weglässt. Aber ab Tag fünf
hatte ich keine Auf und Abs mehr und war innerlich viel
gleichmäßiger unterwegs. Normalerweise wird ja 40 Tage
gefastet, aber ich mache viermal zehn Tage Dinge, die
mir schwerfallen, um mir zu beweisen, dass ich auch
ohne kann. Zehn Tage keinen Kaffee. Zehn Tage kein So-
cial Media. Zehn Tage keine Sorgen machen. Das liebe ich
übrigens. Sorgenfasten.

Es gibt einen Werbespruch, der sagt: »Weil einfach einfach einfach ist.« Aber »einfach« ist bei der Geschwindig-
keit, in der sich heute unsere Welt dreht, und bei den
vielfältigen Möglichkeiten zur Zerstreuung schwieriger
denn je. Wir sehnen uns danach, das stimmt, deswegen
wird so eine Werbung ja auch geschaltet, aber die Umsetzung ist alles andere als einfach. Wir müssen alle versuchen, den Lärm, der uns umgibt, zu verringern – und
Struktur und Ziele in unserem Leben verankern.

Liebesgeheimnis 5
auf einen Blick

So simpel, wie sich Zeichner aus den drei Formen Dreieck, Kreis und Viereck die Welt gestalten, so einfach sollte man auch eine Beziehung designen.

♥ Entscheidungen nicht jedes Mal neu treffen

Menschen verunsichert es, wenn sie Entscheidungen jedes Mal neu treffen müssen. Wir funktionieren nach sogenannten Heuristiken. Einmal gewusst, immer gekonnt: Ich gehe einmal zu nah ans Feuer, dann weiß ich, dass es dort heiß ist. Ich muss es nicht jedes Mal neu überprüfen. Für die Beziehung gilt deshalb: Festlegen, was festzulegen ist. Und nicht alles immer neu verhandeln – und deshalb in Streit geraten.

♥ Das Rollenverständnis klären

Wann ist ein Mann ein Mann? Und wann eine Frau eine Frau? Was heute ein Mann oder eine Frau tut, ist ihm oder ihr größtenteils selbst überlassen. Das bedeutet, jeder kann fast alles sein. Hart, weich, zart oder rau. Wie auch immer ihr lebt: Sprecht drüber. Zieht das Verhältnis klar. Wie männlich muss dein Mann, wie weiblich deine Frau für dich sein?

♥ Einfach ist attraktiv

Das Ziel sollte sein, dass die Beziehung einfach im Handling ist. So muss keiner um die Ecke denken und erahnen, was der Partner meint. Was kompliziert ist, mögen wir Menschen nicht. Es gibt in sozialen Netzwerken sogar schon den Beziehungsstatus »kompliziert«,· aber Kompliziertheit ist niemals attraktiv. Egal in welchem Bereich, Hausaufgaben, Freunde, Kochrezepte, die Bedienung des Autos, Finanzsysteme: Kompliziert ist nie gut und steht für Hilflosigkeit. Weil ich etwas nicht durchschaue. Einfachheit hingegen steht für Klarheit und Struktur.

Übungen

Schaff dir Inseln der Einfachheit

Unser Leben ist kompliziert, deshalb ist es gut, mal abzuschalten. Im wahrsten Sinn des Wortes. Schalt mal dein Handy aus und gehe eine Viertelstunde um den Block, ohne etwas zu erledigen. Kein Einkauf nebenbei, keine Optimierung. Kein Handy. Die Übung geht auch als Partnerübung. Geht getrennt voneinander los und erzählt euch danach, was ihr erlebt habt.

Fasten

Ein einfaches Leben müssen wir manchmal »herstellen«. Das geht gut mit Fasten. So kannst du dir beweisen, dass du nicht von dem abhängig bist, was in unserer modernen Gesellschaft gang und gäbe ist. Faste doch mal wie ich zehn Tage lang Kaffee. Oder lebe mal zehn Tage lang ohne Handy oder, wenn dir das zu krass erscheint, zehn Tage ohne Social-Media-Apps. Oder faste Fernsehen. Oder Süßigkeiten. Es gibt Tausende von Möglichkeiten, zehn Tage lang in einem Bereich deines Lebens einfach zu leben. Daniel aus der Bibel übrigens hatte eine wichtige Entscheidung zu treffen, deshalb ließ er bestimmte Dinge weg. Das kann auch für uns inspirierend sein. Vor Entscheidungen schaffen wir Platz, damit die Inspiration genügend Raum hat, zu uns zu kommen.

Einfachheit testen

Probiere dich doch mal aus und teste Einfachheit bei dir zu Hause – aber nur in einem Bereich. Es muss zu schaffen sein, sonst ist es frustrierend. Entscheide, welchen Prozess du wo vereinfachen kannst. Für eine gewisse Zeit. Wenn dich einkaufen nervt, nutz doch für einen Monat mal einen Bringdienst. Oder wenn du glaubst, keine Ideen zum Kochen zu haben, hol dir bei den einschlägigen Anbietern gleich die Rezepte dazu. Es gibt so viele Möglichkeiten, wir müssen sie nur nutzen.

Ordne den Rucksack deines Lebens

Vor einigen Jahren habe ich ein Paar getraut, bei dem beide Partner schon einmal verheiratet waren. Mit einem neuen Lebensgefährten wollten sich die Brautleute nun auf eine neue Reise begeben. In der Ehevorbereitung sagte ich den beiden: »Bevor ihr euch wieder auf den Weg macht – und eine Hochzeit ist immer der Beginn eines neuen gemeinsamen Lebensweges –, müsst ihr den Rucksack packen, den ihr für eure Reise braucht.« Die Reaktion auf meinen Satz war: Stille. Die beiden wussten nicht, was ich meinen könnte. Dabei ist es eigentlich ganz einfach: Kein Bergsteiger würde sich ohne Seile auf den Weg nach oben machen – schließlich will er sich nicht ungesichert der Gefahr aussetzen abzustürzen. Und auch ein Taucher würde nie ohne Sauerstoffflasche in die Tiefe gehen. Seine Luft zum Atmen vergisst er nicht. Nur bei der Ehe glauben die Menschen oft, dass alles von allein laufe und sie nichts dafür tun beziehungsweise sich nicht auf sie vorbereiten müssten.

Dabei ist die Ehe das größte Abenteuer, auf das sich ein Mensch überhaupt einlassen kann. Hundertprozentig erwischt dich auf der Reise eine Schlechtwetterfront, und dann brauchst du die richtige Kleidung, um einigermaßen trocken wieder nach Hause zu kommen. Das weiß nicht nur ich, der seit fünfzehn Jahren verheiratet ist. Das sagt auch die Statistik. Deutschland hat seit Jahren eine Scheidungsquote von rund 40 Prozent. Da dürfen wir davon ausgehen, dass in den Ehen das Wetter nicht nur kurzfristig mal schlecht gewesen ist, sondern dass die Herbststürme länger gewütet haben und es zu starken Verwerfungen gekommen ist. Das bedeutet, nur etwas mehr als jedes zweite Ehepaar schafft es, ein Leben lang gemeinsam einen Weg zu gehen.

Das Scheitern von Ehen betrifft in unserer Wahrnehmung aber immer die anderen, nicht uns. Wir Menschen sind schlecht in der Einschätzung, inwieweit wir von einem Risiko betroffen sind. Ein Rettungssanitäter etwa überschätzt das Risiko eines Unfalls mit dem Auto, während Privatleute die Möglichkeit eines Crashs mit dem Wagen eher unterschätzen. Oder Lotto: Wenn wir unsere Chancen auf einen großen Gewinn realistisch einschätzen würden (nahezu aussichtslos), würde keiner spielen. So ist es mit der Ehe leider auch: Jeder weiß zwar, wie viele

Ehen scheitern. Aber auf unsere eigene bezogen, glauben wir doch, dass wir nicht betroffen sind. Dennoch geht nur eine verschwindend geringe Zahl der Menschen zur Ehevorbereitung, geschweige denn zum Ehecoach. Eigentlich ist es völlig grotesk: Mit dem Auto fahren wir alle zwei Jahre zur technischen Überprüfung und zwischendurch zur Inspektion, um zu checken, ob alles in Ordnung ist, kapitale Schäden wollen wir schließlich vermeiden. Nur in Ehen führen wir weder Wartungen noch Checks durch. Wenngleich auch Scheidungen teuer sind, mal ganz abgesehen von dem seelischen Schaden, den die Betroffenen nehmen. Ich kenne keine Trennung, aus der irgendjemand glimpflich rausgekommen wäre. Ehevorbereitung braucht man nicht, die Liebe schafft alles? Eben nicht. Der Rucksack muss gepackt sein.

Wer ihn ordentlich packen will, muss ihn zunächst mal richtig ausräumen. Dieses Beispiel aus dem Alltag kennt wohl jeder: Packe ich meinen Koffer von einer kurzen Reise nicht sofort aus und lasse die Wäsche rumliegen, schmeiße ich im Laufe der nächsten Tage immer noch gerne ein anprobiertes Kleidungsstück obendrauf. Erst wenn es ganz wild aussieht, räume ich es weg. Hier in Berlin rückt auch erst das Ordnungsamt an, wenn zu dem alten Kühlschrank, den jemand verbotenerweise auf den Bürgersteig stellte (passiert hier leider oft), jemand anderes noch alte Regale, Heizungen oder ausgediente Toiletten obendrauf gepackt hat – und irgendwann jemand bei den Behörden anruft, weil er es nicht mehr aushält.

Die Vergangenheit richtig ablegen

Nicht anders ist es mit dem Rucksack an Erfahrungen aus alten Beziehungen: Aufräumen kostet Überwindung, aber danach ist es viel schöner als vorher. Deshalb muss der Rucksack des Lebens so gut wie möglich ausgepackt sein, damit Platz geschaffen werden kann für Neues, das kommt. Ist der Rucksack dagegen noch voll mit alten Taschentüchern, Papierchen und vergessenen Tupperdosen inklusive Inhalt, werden auch die neuen Dinge, die obendrauf kommen, von den liegen gebliebenen »angesteckt«. Das frische Erlebnis verbindet sich mit dem pelzigen von vorgestern und wird selbst nach einiger Zeit auch schlecht. Genauso alles, was wiederum obendrauf geschmissen wird. Deshalb ist ein sauberer, geordneter Rucksack wichtig, der frei ist von alten Pausenbroten und getragener Unterwäsche.

Ich war neulich in einem großen Sportgeschäft, da gibt es meterweise Regale mit Rucksäcken. Es gab welche für kurze Tagesausflüge in die Berge, welche für Citytrips, solche, die den Regen abhalten, welche für große Trekkingtouren und noch viele andere. Den richtigen zu erwischen ist eine Wissenschaft für sich. Übertragen auf das Leben bedeutet das Regal voller Rucksäcke: Für einen Kurztrip zu einer Affäre würdest du dir nur leichtes Gepäck aussuchen, das einem Sturm nicht unbedingt standhalten muss. Menschen mit Affären haben ja nicht vor, bei schlechtem Wetter unterwegs zu sein. Sie suchen das Weite, sobald Probleme auftauchen.

Ich sage aber: Wir Menschen sind geschaffen für dauerhafte Beziehungen. Wir sind auf Langfristigkeit angelegt. Es macht uns glücklich, einen langen Zeitraum in Beziehungen zu leben. Wir wollen stabile Verhältnisse. Der Mensch braucht Planbarkeit. Wir sind evolutionär so gebaut: Wenn du deine Höhle verlässt, um den Stier zu jagen, musst du sicher sein, dass deine Frau noch da ist und sich um die Kinder kümmert, wenn du wiederkommst. Und sich nicht dem nächsten Mann, der vorbeikommt, an den Hals wirft.

Wer also dauerhaft mit einem Partner zusammen sein will, muss sich mehr Gedanken über den Rucksack seines Lebens machen, und er hat auch mehr unterzubringen, weil er lange unterwegs sein will. Man braucht also einen Rucksack, der nicht gleich beim ersten Unwetter über den Jordan geht. Groß genug muss er auch sein, damit später noch was reinpasst, wenn unter Umständen mehr zu tragen ist, zum Beispiel Kinder dazukommen. Und er muss strapazierfähig sein, damit er nicht gleich löchrig wird, wenn Probleme nach außen drängen. Auch die muss er schlucken können.

Es ist ja so: Ein guter, stabiler Rucksack darf nach ein paar Jahren ordentlich gebraucht aussehen (sollte er sogar), weil man weiß: Damit war schon mal jemand unterwegs. Auch eine Lederjacke muss speckig werden, sonst ist sie nicht authentisch. Innen aber sollte der Rucksack aufgeräumt sein und das Futter sauber.

Beim Sortieren in den unteren Lagen geht es nun darum, die Dinge geradezurücken und gut abzulegen, die in der Vergangenheit schiefgelaufen sind. Sonst verkleben sie wie ein Kaugummi immer wieder die neuen Dinge, die du in den Rucksack tust. Du musst Neues problemlos auf das Alte drauflegen können, ohne Gefahr zu laufen, dass sie sich mit der Vergangenheit verbinden.

Constanze verabredet sich, unmittelbar nachdem sich ihr Ex-Freund per Sprachnachricht von ihr getrennt hat, über das Internet mit anderen Männern, aber mit keinem kann sie sich so richtig einlassen. Zu viel erinnert sie immer noch an ihren Ex: Manchmal ist es eine Schauspielerin, die er mag und die sie im Fernsehen sieht, ein anderes Mal geht sie an »ihrem« ehemaligen Stammcafé vorbei. Zudem postet er oft etwas auf seinem Facebook-Profil. Jedes Mal wirft es sie ein Stück zurück.

Es gibt immer Situationen, die holen in uns Dinge aus der Vergangenheit wieder hoch. Das können wie bei Constanze ein Hollywoodstar oder ein bestimmter Ort sein, der mit Erinnerungen verknüpft ist. Bei anderen ist es vielleicht ein Dialekt oder eine Pizzasorte, die sie aus einer aktuellen Situation in eine vergangene beamt (soll noch mal einer sagen, beamen sei nicht möglich) und das Potenzial in sich trägt, sie zu verletzen.

Deshalb gehört auf so manch alte Verletzung ein richtiger Verband. Oft klebt dort nur ein Pflaster, das immer wieder abreißen kann, weil der Klebstoff einfach nicht gut genug hält. Eine Wunde muss aber richtig verbunden sein, damit kein Dreck reinkommen und sie richtig ausheilen kann. Das dauert eine Weile. Ausheilen ist immer eine Kombination aus Schutz und Zeit.

Wichtig zu wissen ist in dem Zusammenhang: Jede Beziehung, die du eingegangen bist, sei es auch nur für Stunden, ist ein Teil von dir, und es ist gut, sie innerlich wieder aufzulösen. Constanze ist komplett sorglos damit umgegangen, dass ihr Ex-Freund ihr wehgetan hat (wir sprechen übrigens nicht umsonst bei seelischen und körperlichen Schäden von »Verletzungen«). Sie hat nicht mal ein Pflaster auf die Wunde geklebt und gehofft, dass sie einfach von selbst wieder zugehen würde. Aber das Leben pult mit seinen Ereignissen an Wunden herum. Mit ihrem Ex-Freund, an den Constanze oft erinnert wurde, hatte sie sogar noch einen Fremdkörper in der Wunde, den sie nicht so leicht loswurde. Das ist besonders tückisch, weil echte Heilung durch die bloße Anwesenheit des Fremdkörpers verhindert wird und die Wunde immer ein Stück weit offen bleibt, am Ende kann er sogar eine Blutvergiftung auslösen. Wunden müssen geschlossen sein, sonst richten sie Schaden an.

Um die Wundheilung aktiv voranzutreiben und den Rucksack des Lebens von dem Fremdkörper Ex-Freund zu befreien, ist es für Constanze wichtig, sich noch mal geistig auf den Weg zu machen und sich die Vergangenheit anzuschauen, sich gedanklich noch mal an den Ort des Geschehens zu begeben. Das ist schmerzhaft, aber es ist auch nötig, damit sie nicht in der Vergangenheit verhaftet bleibt. Sie erinnert sich nun, dass ihr Ex-Freund im Gegensatz zu ihr, die viel Zeit mit ihrem Freund verbringen wollte, oft allein sein wollte und sie eigentlich immer an ihm geklebt hat. Zärtlichkeit hatte sie auch nicht viel von ihm bekommen, wenn dann auf Nachfrage. Mit so einem Mann wollte sie doch gar nicht zusammen sein! Durch das gedankliche Zurückkehren erkannte Constanze, dass die beiden nicht zueinander gepasst hatten und die Trennung richtig gewesen war.

Menschen, die uns wehgetan haben, verzeihen

Was ist neben der gedanklichen Wiederkehr und der echten Auseinandersetzung mit dem Geschehenen noch wichtig, um auf eine neue Reise gehen zu können und den Rucksack des Lebens auszuleeren beziehungsweise das, was darin liegt, so gut zu verstauen, dass es bei einem Sprint nicht hin und her fliegt?

Ich riet Constanze, ihrem Ex zu verzeihen. Nicht für ihn, der sie verlassen hatte. Sondern für sich selbst. Jemandem zu verzeihen macht das Herz frei. Am Anfang tat sie sich schwer mit dem Gedanken. Wie sollte sie diesem Mann verzeihen der sie so hatte stehen lassen? Auf keinen Fall wolle sie ihm verzeihen, sagte sie. Verständliche Reaktion. Die aber nicht weiterführt und eher blockiert, als die Möglichkeit schafft, nach vorn zu gehen. Nach und nach freundete sich Constanze mit dem Gedanken an. Und nach einigen Wochen entschloss sie sich, ihm zu verzeihen.

Du hast richtig gelesen. Sie fasste einen Entschluss. Das ist das Tolle bei uns Menschen: Wir sind dazu geschaffen und dazu befähigt, Entscheidungen zu treffen. Das Leben macht nicht Dinge mit uns, das denken wir nur oft. Wir sind in der Lage, unser Leben in die Hand zu nehmen und es zu steuern. Constanze erkannte durch das Verzeihen an, dass ihr Ex-Freund ein Mensch mit eigenen Vorstellungen, Wünschen und Bedürfnissen ist, die er an eine Partnerschaft stellt. Sie erkannte an, dass die Mischung aus allen Ereignissen und Gefühlen in ihrer Beziehung dazu führte, dass sie nicht von Dauer war. Wir sind alle Menschen, wir alle machen Fehler. Wir verletzen eigentlich nie aus böser Absicht. Das Entscheidende aber war: Es ging Constanze besser, als sie diesen Entschluss gefasst hatte. Sie ließ ihren Ex los. Es fühlte sich gut an für sie.

Praktische Anleitung: So geht Verzeihen

Wie kann ich jemandem verzeihen, wenn ich eigentlich noch nicht will? Dazu musst du zunächst wissen, dass Ärger und Wut mit die stärksten Emotionen sind, die wir haben. Oft haben wir das Gefühl, nicht verstanden oder ungerecht behandelt worden zu sein. Wir sagen Sätze wie »ICH fühle mich unverstanden«, »ICH wurde nicht gesehen«. Daran sehen wir: Am Ende geht's immer um uns selbst, nicht um den anderen. Deswegen tust du auch nur dir allein den Gefallen, dem anderen keine Macht über deine Gefühle zu geben. Durch das Verzeihen nimmst du demjenigen, der dich verletzt hat, die Waffe des Ärgers, die Waffe der Ungerechtigkeit einfach aus der Hand.

Folgende Sätze helfen dir dabei:

- Du, XY, hast mir in der Situation einmal oder mehrmals wehgetan oder mir etwas angetan, aber heute werde ich dir diese Macht absprechen. Mein Leben wird nicht länger von deiner Art beeinflusst. Ganz im Gegenteil: Ab heute verwandle ich deine missgünstige Art, deinen Neid, in eine positive Form und breche die Verbindung ab.
- Auch wenn ich noch mal daran denke, ist die Kraft darin gebrochen.
- Ich entscheide mich für Freude und gute Gedanken, und ich spreche Gutes über mein Leben und das Leben des anderen aus.

Du kannst das dann je nach deiner Spiritualität aufschreiben, an einem privaten oder abgelegenen Ort allein laut rausrufen (sehr wirksam, kostet aber auch Überwindung) oder natürlich beten.

Du verzeihst einem anderen Menschen seine Ungerechtigkeit und führst dich dabei von der Unfreiheit in die Freiheit zurück. Großartig, oder?

Um Ent-schuldung bitten

Ich muss gestehen, dass ich in meinem ersten Leben in der Immobilien- und Versicherungsbranche auch Hochrisikoprodukte verkauft habe, mit denen nicht alle Menschen immer gut gefahren sind. Ich habe die Risiken zwar offengelegt, dennoch haben einige dadurch viel Geld verloren. Voriges Jahr traf ich einen Mann auf einer Veranstaltung, der durch mich beziehungsweise das Produkt, das ich ihm vor Jahren verkauft hatte, zu Schaden gekommen war. Ich habe es in dem Moment auf der Veranstaltung, das gestehe ich, nicht geschafft, zu ihm zu gehen und ihn um Entschuldigung zu bitten. Aber in den Wochen danach hat es mich nicht losgelassen. Ich habe den Mann gegoogelt und setzte eine E-Mail auf, die in etwa so klang. *Ich wünschte, ich könnte Ihren Verlust rückgängig machen, aber ich kann es nicht,* schrieb ich ihm sinngemäß, *aber Sie können sich sicher sein, ich wollte Ihnen nie schaden.* Das war mein Versuch, ihn um Verzeihung zu bitten. Denn die Möglichkeit der Selbstverzeihung halte ich für einen riesigen Trugschluss der ganzen Esoterikbranche. In den Büchern aus der Szene heißt es ja oft, man müsse sich selbst verzeihen können für etwas, das man getan hat. Ich behaupte: Blödsinn. Es geht nicht. Angeklagter und Richter in einer Person zu sein? Ist nicht machbar. Man kann nur um Entschuldigung bitten. Hier hilft es, das Wort zu trennen. Ich bitte

um Ent-schuldigung. Die Schuld wird durch das Gegenüber von mir genommen. Die Schuld durch mich selbst
von mir zu nehmen funktioniert aber nicht. Das kann ich
noch so sehr versuchen.

Jeder von uns braucht deshalb meiner Meinung nach einen Ort für seine Schuld. Für mich persönlich sind das
meine Gebete an Jesus, der ja für uns ans Kreuz gegangen ist, um uns und unsere Taten zu ent-schuldigen. Für
mich war es »mindblowing« zu verstehen, dass ich deshalb nicht mehr mit Schuldgefühlen oder ähnlichen
schlechten Gedanken durch die Gegend laufen muss.

Wo die Ent-schuldung für dich liegt, musst du selbst
herausfinden, aber probiere doch einfach mal ein Gebet
aus – es kann ja nicht schaden. Denn niemand ist frei von
Schuld. Jeder lädt im Laufe seines Lebens Schuld auf sich
(über jemanden schlecht zu denken reicht ja schon), mit
Absicht oder unabsichtlich, hat Menschen verletzt oder
hätte anders reagieren müssen in der einen oder anderen
Situation. Dafür ist Jesus ans Kreuz gegangen und hat
alle Schuld, die bis dahin da war und auch die, die noch
kommen wird, für uns dahin gebracht. Das ist für mich
übrigens die Kernbotschaft, wenn du mal in die Verlegen-
heit kommst, jemanden in 45 Sekunden beim »Elevator
Pitch« die Message des Evangeliums nahezubringen: Du
hast im Laufe deines Lebens Schuld auf dich geladen,
weil du nicht perfekt bist. Du trägst trotzdem keine

Schuld mehr. Die Schuld ist für dich bezahlt. Dadurch können Menschen nach vorn gehen und wieder andere ermutigen, positive Dinge voranzubringen.

Das ändert natürlich nichts daran, dass auch die Irdischen um Ent-schuldigung (Ent-schuldung) gebeten werden müssen. Es wäre ja Unsinn zu sagen, ich bringe alles nur noch zu Jesus, die Menschen blende ich aus. So geht das natürlich nicht. Manchmal ist es aber nicht möglich, jemanden um Verzeihung zu bitten. Es gibt Menschen, die sind gestorben. Oder sie ent-schulden deine Taten nicht. Dann gibt es die Möglichkeit, wenn es ums Rucksackaufräumen geht, stellvertretende Dinge zu tun, um Ordnung und Klarheit in dein Leben zurückzubringen.

Neue Kraft aus alten Verletzungen schöpfen

Martin hat als Kind einen Apfel geklaut, und immer wenn es in Gesprächsrunden, zum Beispiel bei gesellschaftlichen Anlässen, auf das Thema Kindheit kommt, denkt er unweigerlich daran, es lässt ihn nicht los, und er geht auch offen damit um. Jemand rät ihm beiläufig, Buße zu tun und den Apfel einfach zurückzugeben. Nach so vielen Jahren? Schließlich tut er es. Den Supermarkt aus seiner Kindheit gibt es tatsächlich noch, er kauft dort einen Apfel und legt ihn, nachdem er ihn bezahlt hat, wieder zurück! Es macht ihn unheimlich glücklich! Zeitverzögert um einige Jahrzehnte hat er seine Tat wiedergutgemacht. Für sich selbst. Nun kann er seinen Kindern glaubhaft weitergeben: Es gibt Dinge, die du zwar nicht ungeschehen, aber dennoch wiedergutmachen kannst. Das Zurücklegen des Apfels war eine Befreiung für ihn. Und eine gute Geschichte für die nächste Party hat er auch noch.

Marie hat sich gefühlt zu wenig um ihre Kinder gekümmert, als diese klein waren. Sie war damals alleinerziehend und musste sich ums Geldverdienen kümmern. Sie hatte keine Schuld an der wenigen Zeit, die sie mit ihren Töchtern verbringen konnte, und es sagte ihr auch niemand, dass sie eine Rabenmutter gewesen sei. Dennoch hat sie das Gefühl, dass es zu wenig Zeit war, die sie mit ihren Kindern hatte. Jetzt als Rentnerin hat sie mehr Zeit. Marie kümmert sich nun um die Kinder in der Nachbarschaft, die Probleme mit den Mathehausaufgaben haben. Das hilft den Kindern und auch ihr: Sie hat nun Kontakt mit der jüngeren Generation, erfährt nebenbei, was »abgeht«, und schenkt den Kindern aus der Nachbarschaft etwas von der Zeit, die sie ihren Töchtern nicht geben konnte – es fühlt sich gut an für Marie.

Ich habe zwar nichts aus der Vergangenheit aufzuarbeiten (was dieses Thema angeht), habe selbst aber eine Kinderpatenschaft. Der Junge lebt in Indien und ist so alt wie unser ältester Sohn. Es kostet uns 35 Euro im Monat. Das reicht, um seine Schule zu bezahlen und einen Teil des Essens für die Familie. Warum ich das hier schreibe? Ich könnte mir vorstellen, dass so eine Art Fürsorge für ein fremdes Kind für Menschen, die vielleicht noch etwas »offen« haben mit ihren eigenen Kindern, eine Möglichkeit sein könnte, Frieden zu machen mit der Vergangenheit. Um positiv nach vorn schauen zu können.

Die Beispiele sind nur drei von vielen Möglichkeiten, wie man Ordnung in den Rucksack seines Lebens bringen kann und schmerzende Stachel, die noch irgendwo in uns stecken, erstens im Nachhinein noch so gut wie möglich zu entfernen und zweitens auch noch neue Kraft aus ihnen zu schöpfen. Menschen haben jederzeit die Möglichkeit, die Vergangenheit hinter sich zu lassen und Neues, Gutes zu tun. Ich erinnere an dieser Stelle nur kurz an den Mann, der neben Jesus am Kreuz hing. Er war ein Mörder, der kurz vor seinem Tod zu Jesus sagte: »Ich glaube, du bist der Messias.« Und Jesus sagte zu ihm: »Du gehst noch vor mir ins Himmelreich.« Die Message dieser Geschichte ist: Menschen können sich ändern. Jederzeit. Wir können Gutes tun und die Dinge in Ordnung bringen.

Die Mail an den Mann aus meiner Vergangenheit war mein Versuch, einen Teil meines Lebenskellers aufzuräumen. Wir alle kennen das ja: Die Sachen, die wir nicht so oft brauchen, räumen wir nach unten und bringen sie hinter Schloss und Riegel. Und da bleiben sie dann. Lange. Wie auch bei mir. Meine Zeit in der Immobilienbranche ist ja auch schon ein paar Jahre her. Aber wenn wir umziehen oder etwas im Keller suchen, werden wir immer wieder von Dingen aus unserer Vergangenheit überrascht. Huch, die sind ja auch noch da! Und wir sehen plötzlich, wie viel wir besitzen und im wahrsten Sinn des Wortes noch gebunkert haben.

Wenn du den Rucksack deines Lebens ordnest, musst du auch verzeihen, um nicht unangenehm überrascht zu werden. Für dich. Damit negative Gefühle keine Kraft mehr in deinem Leben haben.

Während der Reise den Rucksack kontrollieren

Aber nicht nur vor dem Antritt der Reise ist es wichtig zu gucken, wo es mal wehgetan hat, und im Anschluss die Erlebnisse richtig zu verstauen. Es ist auch von großem Wert, während der Reise (mit jemandem) immer mal wieder den Rucksack zu kontrollieren. Sind alle Riemen noch stramm? Sind irgendwelche Risse aufgetreten, tritt

irgendwo Wasser aus? Zeigt das Material Ermüdungser-
scheinungen? Mit Sicherheit ist es so, denn in Beziehungen geht nie alles glatt. Und nur weil man am Anfang
vielleicht vieles richtig gemacht hat und die Liebe über-
groß ist, heißt es nicht, dass auch die Reise immer har-
monisch verläuft. Ich sage meinen Paaren oft, dass das
Eins-zu-eins-Setting das Schwierigste im Leben überhaupt ist, denn eine Beziehung zu einem einzigen Menschen fordert uns wahnsinnig heraus. Genau deshalb
sollten wir dieser Eins-zu-eins-Beziehung so viel Liebe
angedeihen lassen wie möglich. Pflanzen brauchen auch
einmal am Tag etwas Wasser, um zu überleben. Warum
nicht ein Kompliment für den Liebsten pro Tag?

Auch meine Frau und ich packen während unserer Ehe-
reise den Rucksack immer wieder aus und ein. Regelmäßig fahren wir zu Ehecoachings. In diesem Jahr waren wir
in München. Jeder hat dann den Raum zu erzählen, was
sich im jeweils vergangenen Jahr gut und was sich nicht
so gut entwickelt hat. Und die Therapeuten helfen uns,
nicht geklärte Situationen aufzulösen.

Auch im Alltag versuchen wir immer wieder genau
hinzuschauen, ob sich gerade irgendwo etwas angestaut
hat. Denn das Leben und die Beziehungen, die wir führen, könnten tatsächlich viel leichter sein, wenn wir nicht
alles, was wir erleben, gedankenlos in unseren Rucksack
füllten, sondern uns so verhalten würden wie nach ei-

nem Ausflug: Wenn ich im Sommer mit meiner Familie nach einem Tag am See nach Hause komme, achten meine Frau und ich auch darauf, dass wir die Taschen sofort auspacken. Wenn wir es mal vergessen, stehen die Provianttaschen nämlich oft nach Tagen noch im Flur herum und bleiben dort erstaunlich lange liegen.

Genau so ist es mit den Erlebnissen des Tages: Alle Eindrücke, alle Gespräche, alle Gedanken des Tages liegen in unserer imaginären Tasche. Wir erleben den Augenblick, denken dann meist nicht mehr darüber nach und teilen die Eindrücke nicht mit unserem Partner. Wir legen uns einfach so ins Bett.

Wir könnten aber die kognitive Tasche noch kurz drei Minuten ausräumen, nachdem wir den Fernseher ausgeschaltet haben und zum Buch greifen, oder einfach beim gemeinsamen Essen. Als Familie sitzen wir jeden Abend zusammen und sortieren den Tag jedes Familienmitgliedes. Manchmal ist das eine Herausforderung. Natürlich ist es viel leichter, einfach zusammenzusitzen und Small-Talk zu machen. Früher war es in einigen Familien ja sogar üblich, bei Tisch überhaupt nicht zu reden. Was für ein Verlust! Für mich als Kölner sowieso undenkbar, ich rede doch so gern!

Trotzdem ist es natürlich manchmal anstrengend, sich mit sich und den anderen auseinanderzusetzen nach einem langen Tag, denn bei uns ist bei jedem Familienmitglied viel los. Meine Frau hat noch mal ein Studium angefangen, mein großer Sohn ist in der fünften Klasse, der mittlere ist gerade in die Schule gekommen und für die Kleine ist es bald so weit. Jeder hat seine eigenen Sorgen und Nöte, aber teilt auch Schönes, das in seinem Leben passiert. Es ist zwar anstrengend, das Gute und Schlechte des Tages zu filtern, aber wie lohnend ist es bitte! Und wie viel Spaß macht es mir zu sehen, wenn eins meiner Kinder sich plötzlich an eine Begebenheit des Tages erinnert, die es toll oder lustig fand, aber fast vergessen hätte. Dann beginnen die Augen ganz plötzlich zu leuchten.

Die Erlebnisse einzusortieren macht es unserem Kopf leichter, uns die Erkenntnisse aus dem Erlebten zur Verfügung zu stellen. Wenn ich unterwegs bin und nicht mit meiner Familie reden kann, nehme ich mir dafür oft mein Handy oder meinen Computer oder ein Blatt Papier, einfach das, was mir gerade zur Verfügung steht, und schreibe auf, was an dem Tag richtig gut war. Und was richtig doof. Ich notiere auch das, wozu ich noch keine Einordnung habe oder noch keine Idee, wofür das Erlebte gut war. So lege ich das Geschriebene bewusst in meinem Unterbewusstsein ab. Oft fühlen wir uns nämlich irgendwie unwohl, weil wir uns die kleinen Verletzungen, aber auch die kleinen Freuden des Alltags nicht bewusst machen. Nur über das Bewusstmachen erlangt man aber Klarheit über die Geschehnisse in seinem Leben und hält seinen Rucksack, den man ja immer bei sich hat, frei von

Dingen, die darin sinnlos hin und her fliegen. Es gibt ja das geflügelte Wort: »Jeder hat sein Päckchen zu tragen.« Es ist zwar anders gemeint, aber genau so sollte es sein: ein Päckchen. Kein Paket. Damit es aber ein Päckchen bleibt und sich nicht allzu viel anstaut, muss man regelmäßig aufräumen und sortieren.

Denn es hat noch einen weiteren Vorteil, wenn man regelmäßig miteinander spricht. Es staut sich nichts an. Wie viele Affären, wie viel Groll ist wohl aus Sprachlosigkeit beziehungsweise Sprachfaulheit in Beziehungen entstanden? Wer nicht miteinander kommuniziert, entfremdet sich voneinander – und ist leichter empfänglich für Beziehungen außerhalb der Partnerschaft. Ich gehe oft abends ins Bett und bin dankbar: für die Menschen, die ich getroffen habe, oder für die Ideen, die ich teilen konnte. Ich erzähle dann meiner Frau davon und teile meine Erlebnisse mit ihr. Wenn sie weiß, was in mir vorgeht, kann sie auch besser mit mir umgehen. Vorteil für mich: Sie hat unter Umständen mehr Verständnis, wenn ich mal genervt bin, wenn sie weiß, dieses oder jenes meiner Projekte läuft nicht gut, und sie teilt mit mir auch meine Erfolge, wenn etwas gut gelaufen ist. Und das schafft dann wieder Bindung beziehungsweise Klebstoff für viele weitere Ehejahre.

Zum Schluss dieses Kapitels möchte ich noch mal zurückkommen auf das Paar, von dem ich anfangs sprach. Zur

Erinnerung: Die Frage nach dem Rucksack konnten sie zunächst ja nicht beantworten. Am Ende hat sie aber zu weitreichenden Erkenntnissen geführt: Das, was an guten Erfahrungen im Rucksack drin war, wollten sie nun in andere investieren. Nicht mehr nur in sich selbst. Besonders die Ressourcen Zeit und Geld hatten sie dabei im Blick. Um ihr Umfeld auf diese Weise positiv zu verändern. Wie kannst du deinen Rucksack für andere einsetzen?

Liebesgeheimnis 6
auf einen Blick

Kein Bergsteiger würde sich ohne Seile auf den Weg nach oben machen, kein Taucher ginge ohne Sauerstoffflasche in die Tiefe. Aber bei der Ehe glauben die Menschen oft, dass sie sich nicht auf sie vorbereiten müssten. Ein Tool zur Vorbereitung auf die Ehe oder eine neue Partnerschaft ist das richtige Packen des Lebensrucksacks.

♥ Die Vergangenheit richtig ablegen
Wir können keine neuen Partnerschaften eingehen oder in ihnen leben, wenn wir nicht unseren Frieden mit der Vergangenheit gemacht haben und die Wun-

den, die in ihr entstanden sind, nicht richtig versorgt haben, sondern nur ein Pflaster auf ihnen klebt, das jederzeit wieder abreißen kann. Deshalb ist es so wichtig, sich kognitiv noch mal klarzumachen, warum zum Beispiel die letzte Beziehung zerbrach. Eine echte Auseinandersetzung mit dem, was passiert ist, ist leider nicht zu umgehen, wenn man den Rucksack des Lebens richtig packen will.

♥ Lernen zu verzeihen

Neben dem kognitiven Verstehen ist es wichtig, Menschen aus der Vergangenheit aktiv zu verzeihen. Nicht für die, die uns verletzt haben. Sondern für uns selbst. Damit der Ärger und die Wut keine Kraft mehr über uns haben. Wie das genau geht, zeigt die praktische Anleitung zum Verzeihen auf Seite 178f.

♥ Um Ent-schuldung bitten

Es gibt Bücher, in denen steht, man solle sich selbst verzeihen, wenn es nötig ist. Ich sage: Nötig ist es immer, denn jeder, der schon mal schlecht über einen anderen Menschen dachte, hat bereits Schuld auf sich geladen. Sich selbst verzeihen? Gute Idee, geht aber leider nicht, man kann ja nicht Angeklagter und Richter in einer Person sein. Man muss seine Schuld also irgendwo hinbringen. Dazu eignen sich etwa Gebete, man kann aber auch andere Menschen um Entschuldung bitten. Wichtig ist ein Ort, an den du deine Schuld bringen kannst.

♥ Neue Kraft aus alten Verletzungen schöpfen

Nicht immer ist alles gut gelaufen. In unseren Liebesbeziehungen, aber auch mit den Menschen, die uns sonst nahestehen. Unseren Kindern. Unseren Freunden. Wer etwas aus der Vergangenheit wiedergutzumachen hat, kann das auch im Hier und Jetzt tun. Möglichkeiten dazu gibt es viele, etwa Kindern aus der Nachbarschaft zu helfen, wenn ich für meine eigenen keine Zeit hatte. Oder Geklautes zurückzugeben. Oder eine Kinderpatenschaft zu übernehmen.

Übungen

Verzeihen üben

Übe doch mal zu verzeihen. Wenn du es noch nicht gewohnt bist, mach es wie im Fitnessstudio: Fang nicht gleich mit den schweren Gewichten an (also mit den Menschen, auf die du wirklich einen Groll hast), sondern mit den Leichtgewichten. Wenn du eine Woche lang jeden Tag einem Menschen aktiv verzeihst, stellt sich schon eine Routine ein und du kannst dich an die schweren Gewichte rantrauen. Wie im Fitnessstudio gilt: Nicht das Gewicht sorgt für Kräftigung, sondern die Wiederholungen.

Frag dich, was in deinem Rucksack herumfliegt

Überleg dir doch mal, welche Erlebnisse im Rucksack deines Lebens rumfliegen, die nicht aufgearbeitet sind und die dich immer wieder einholen. Das kann das nicht absolvierte Studium sein, die abgebrochene Ausbildung oder eine abrupt zu Ende gegangene Beziehung. Schreib die Dinge im ersten Schritt auf. Im zweiten gehst du tiefer und stellst dir die Frage, warum die Dinge so gelaufen sein könnten. Das Warum ist für mich die wichtigste Frage überhaupt.

Ein Pflaster für die seelischen Verletzungen

Jede Beziehung, die wir eingehen, wenn auch nur für Stunden oder sogar Minuten, sollten wir einordnen: den Busfahrer, der dich angepöbelt hat, die schnippische Kollegin, den Rempler auf der Straße. Steck dir doch mal ein Pflaster ins Portemonnaie – im übertragenen Sinn – für all die Verletzungen, die dir während des Tages passieren. Wenn etwas Verletzendes passiert, machst du deine Geldbörse auf, guckst rein – und musst lächeln über deinen Wundheiler, und das hilft dann auch schon ein bisschen. Auch nett: ein Kondom in der Tasche. Nicht für möglichen Geschlechtsverkehr. Sondern dafür, nicht alles so nah an dich ranzulassen.

Der richtige Umgang mit Geld

In der Bibel spricht Jesus mehr als 2000 Mal über Geld und Besitz, und damit deutlich mehr als über alle anderen Themen. Einer meiner Lieblingssätze ist: »Geld ist ein guter Diener. Aber ein schlechter Herr.« Der Satz ist ein paar Tausend Jahre alt. Und heute aktueller denn je. In einer Zeit, in der Marken und Statussymbole eine immer größere Rolle spielen und in der die Preise für Mieten und Wohneigentum explodieren, laufen wir Gefahr, dem Geld nur noch hinterherzurennen. Dabei müssen wir überlegen, ob wir überhaupt so viel von dem Tauschmittel brauchen.

Geld spielt heute fast in jedem Bereich des Lebens eine Rolle, natürlich auch in der Beziehung, dem Bereich des Zusammenlebens. Frauen verdienen in Deutschland auch im Jahr 2020 immer noch rund 20 Prozent weniger als ihre männlichen Kollegen. Ein riesiges Ungleichgewicht, das durch nichts zu begründen ist. Und wenn einer mehr verdient als der andere, spielt das in jeder einzelnen Beziehung eine Rolle. Dann müssen wir darüber reden, wie es ist, wenn der eine mehr hat als der andere – und was das mit dem macht, der weniger hat. Das Thema Geld kann man, wenn es um Beziehungen geht, leider nicht wegignorieren, man muss sich damit auseinandersetzen, sonst schwelt unter Umständen ein Konflikt unter der Oberfläche, der wie ein Tsunami erst kaum wahrnehmbar ausbricht und die Beziehung dann mit einer riesigen Welle überrollt, die auch die Kraft entwickeln kann, sie vollständig zu verwüsten.

Generell sind Menschen durch Geld immer darum bemüht, Abstände zueinander zu schaffen. Wir mögen es gern, wenn der Nachbar ein bisschen weniger hat als wir. Für viele ist es ein schönes Gefühl, in einem Auto zu sitzen, das besonders ist und sich nicht jeder leisten kann. Wenn wir uns abheben, lässt uns das abheben, sozusagen. Wohnungen kosten mehr, je weiter der Abstand zum Erdgeschoss ist. Ganz oben ist es am teuersten, der Abstand zum Boden am weitesten. Das macht einen Unterschied. Und den mögen Menschen so gern hervorheben wie ein Kind, das einen neuen Fußballtrick gelernt hat und seine Ballkunst seinen genervten Eltern immer wieder vorführen will. »Guck mal, was ich kann.« Das machen Erwachsene auch. Sie sagen stattdessen: »Guck mal, was ich mir leisten kann.«

Über finanzielles Gefälle sprechen

Aber wie ist es in einer Partnerschaft, wenn der eine mehr verdient? Gibt es dann eine Rivalität untereinander? Liegt der Feind in meinem Bett, wenn der eine ohne den anderen niemals in der gemeinsamen Wohnung leben könnte, weil das Gefälle so groß ist, dass der Besserverdiener einen deutlich höheren Anteil der Miete übernehmen kann? Und wenn klar ist, wer auszieht, wenn Schluss ist? Mit finanziellem Gefälle in einer Partnerschaft umzugehen ist so schwierig wie einen Zauberwürfel aus völligem Chaos wieder in die richtige Position zu bringen. Es erfordert Geduld und ein Grundverständnis davon, wie der Zauberwürfel funktioniert. Aber es ist machbar.

Meine Frau Maja sagte vor Kurzem zu mir: »Wie schaffst du es eigentlich, dass aus allem, was du anpackst, auch etwas wird? Wie kommst du auf diese Ideen und wie gelingt es dir, das alles umzusetzen?« Ich antwortete, dass das viel mit Erfahrung zu tun habe und auch Übung nötig sei. Woraufhin sie sagte: »Manchmal wäre ich auch gern wie du.« Was das Bekenntnis von Maja mit Geld zu tun hat? Das will ich erklären, dazu muss ich nur ein bisschen ausholen und die unterschiedlichen Formen der Liebe beschreiben (sozusagen das Grundverständnis des Zauberwürfels).

Zunächst mal ist da die von Gott inspirierte *Agape*, das ist die uneigennützige, bedingungslose Liebe. Das ist unsere Liebe zu Kindern zum Beispiel. Sie sind frech zu Lehrern, lassen Dinge runterfallen, die uns wichtig sind, und schießen unsere Warnungen in den Wind, aber am Ende des Tages haben wir sie trotzdem lieb. Bedingungslose Liebe spielt aber bei der Liebe zu unseren Partnern eigentlich keine Rolle. Die nimmt *Eros* in die Hand. Beim Eros knistert es, und es entsteht Verlangen nach körperlicher Liebe und Bindung zu dem geliebten Menschen. Und dann gibt es noch *Philia,* die Liebe der Freundschaft, die sich zwischen Partnern erst nach einer langen Zeit entwickelt und oft erst, wenn Kinder da sind. Dann will der Mann die Frau und die Frau den Mann nicht immer nur vernaschen, sondern zwischen den Geliebten entsteht eine Bindung, die tiefer geht als Eros. Deswegen sind Partnerschaften, in denen es Kinder gibt, eigentlich dafür geschaffen, lange zu halten. Weil Philia entsteht.

Wenn es ums Geld geht, hört die Freundschaft auf, heißt es ja normalerweise. Für die Liebe aber müsste es heißen: Wenn es ums Geld geht, muss eine tiefe freundschaftliche Verbindung (Philia) da sein. Nur wenn Freundschaft da ist, kommt man weg vom Eros, der ja ausschließlich am Beginn einer Beziehung da ist, wenn man (auf beiden Seiten) zeigt, was man hat, und noch ein bisschen (nötige) Rivalität besteht.

Aber irgendwann muss man das Level des Posings verlassen und sehen: Es gibt noch mehr. Erst bei der Freundesliebe, die über die Zeit entsteht und auf Vertrauen aufbaut, bist du in der Lage zu sagen: »Das macht mich neidisch. Das fordert mich heraus. Ich wäre auch gern manchmal (so reich) wie du.« Und da schließt sich der Kreis zum Beispiel mit meiner Frau. Das Öffnen setzt eine riesige Kraft in der Beziehung frei. Wenn der Mehrverdienst des einen eine Herausforderung für den anderen darstellt und der spricht sie aus, reden wir über ein ganz anderes Level von Partnerschaft.

Ich merke in der Ehevorbereitung oft: Wenn Paare das nicht auf eine so klare Art und Weise gesagt haben, kommen sie nicht auf diese neue Ebene. Partnerschaften sind in manchen Punkten wie Computergames: Du musst immer erst über die Zeit gewisse Kompetenzen erwerben, Coins sammeln, Vertrauen verdienen, um weiterzukommen. Das höchste Level ist, den Partner wie einen Freund fragen zu können: »Wie machst du das? Ich möchte lernen von dir.«

Zugegeben, beim Thema Geld ist die Frage nach dem »Wie geht das« nicht immer möglich, oft hat der eine einfach eine andere Ausbildung als der andere und es gibt Berufe, die werden schlicht besser honoriert als andere. Meine Erfahrung zeigt aber: Wer einmal die Hosen runtergelassen und sich seinem Partner geöffnet hat, in dem kann sich der Gedanke formen: »Ich muss gar nicht sein wie er oder sie. Ich bin auch gut so, wie ich bin.« Aber das geht erst, wenn man die Schwäche zugegeben hat und sie so in eine Stärke verwandelt hat.

René hat einen gut bezahlten Job als Manager, seine Frau leitet die Filiale einer Drogeriekette. Eines Tages wird René »aussortiert«, als Unternehmensteile zusammengelegt werden. Plötzlich muss er von Arbeitslosengeld und vom Einkommen seiner Frau leben. Eines Tages fasst er sich ein Herz und sagt ihr: »Es tut mir weh, dass du so viel Geld verdienst und wir nur von deinem Geld unsere ganzen Kosten bestreiten. Ich habe immer mehr verdient als du, und ich habe es auch genossen, mehr zu haben – es hat meinen schwächeren Charakter irgendwie ausgeglichen. Das klingt vielleicht komisch, ich empfand es aber immer so. Außerdem bin ich es immer gewohnt gewesen, meine Familie zu versorgen. Manchmal fühle ich mich, als sei ich nichts mehr wert.«

Was für ein Turbo Boost war sein Geständnis für die Beziehung! Durch seine Offenheit verlor das Thema Finanzen die Kraft über die Beziehung. In dem Moment, in dem er darüber sprach, entzog er dem (gerade nicht vorhandenen) Geld die Macht und zog sie an sich.

Gemeinsame finanzielle Verantwortung

Viele Männer und Frauen, die heute in der Blüte ihres Lebens stehen und Kinder großziehen oder in einer festen Partnerschaft leben, sind noch mit dem klassischen Versorgervater aufgewachsen, so wie René aus dem Beispiel. Dass der Mann die Familie ernährt, ist in ihre DNA eingelassen wie der Motor in einen Wagen. Aber inzwischen sehen wir und werden wir gezwungen zu erkennen: Ein Auto kann auch anders angetrieben werden als durch einen klassischen Benziner oder Diesel, es gibt Elektromotoren oder Hybride als umweltfreundliche Alternativen, wo sich ein Elektromotor und ein anderer Antrieb das Vorankommen teilen. Benziner und Diesel verbrauchen zu viele Ressourcen, das ist uns klar geworden. Wir können nicht mehr so weitermachen. Es macht uns auf die Dauer kaputt.

Der Mann als der klassische Versorger, der Mann als Verbrenner, der läuft und läuft und läuft – bis er verbrannt ist? Vor diesem Bild hatte ich immer Angst. Ich bin ja ohne Vater groß geworden und hatte somit auch keinen »Versorger« als Vorbild, was mir heute immer noch manchmal zu schaffen macht. Ich habe hier und da Existenzängste, und die gestehe ich meiner Frau gegenüber dann ein. Ich habe deshalb Glück, weil meine Frau – im Gegensatz zu vielen anderen ihrer Generation – mich nicht als Versorger sieht. Wenn wir darüber reden (was ab und zu mal sein muss, wenn meine Angst wieder hoch-poppt), nimmt das Eingeständnis meiner Angst die Kraft. Meine Frau versichert mir dann: »Ich sehe dich nicht als alleinigen Versorger. Wir kümmern uns beide um die Versorgung der Familie.« Was für eine Erleichterung.

Die Verteilung auf mehreren Schultern ist eine herrliche Entlastung, denn wenn nur einer allein verantwortlich ist, kriegt auch einer allein die »Schuld«, wenn etwas finanziell schiefläuft. Das kann ein Aktienpaket sein, das aufgrund der Schieflage einer Firma plötzlich nur noch die Hälfte wert ist von dem, was investiert wurde. Die Konjunktur schwächelt, die Zinsen für die abgeschlossene Lebensversicherung werden Jahr für Jahr weniger, so-dass absehbar ist, dass am Ende kaum noch was übrig bleibt. Wenn so was passiert, darf nicht einer an den Pranger gestellt werden, sondern das Paar ist gemeinschaftlich für die Finanzen verantwortlich.

Überforderung durch finanzielle Überlastung vermeiden

Lisa und Kai wollen unbedingt gemeinsam ein Haus kaufen. Auch in ihrem Freundeskreis schaffen sich gerade viele ihrer Bekannten ein Eigenheim an oder, wie sie es formulierten, sie »investierten« in ein eigenes Zuhause. Lisa und Kai gehen zur Bank und erkundigen sich nach einer Finanzierung. Das Ergebnis, nachdem sie sich finanziell komplett ausgezogen haben: Ja, sie würden eine Finanzierung bekommen. Allerdings würde die monatliche Belastung, die dann auf sie zukommen würde, an die Grenze des Möglichen gehen. Sie wissen nicht, was sie tun sollen, und fragen mich um Rat.

Lisa und Kai sind ein Klassiker: Wenn ich mit Paaren über ihre Wünsche, Träume und Ziele im Leben spreche, kommt eins ganz oft: »Wir wollen zusammen ein Haus kaufen.« Genau so formulieren sie es. Sie sagen nicht: Wir möchten uns ein gemeinsames Zuhause schaffen, sondern sie möchten den Besitz. Das ist wie ein Meilenstein in allen Beziehungen. Als hätte man es dann »geschafft«. So wirkt es, wenn die Paare mir davon erzählen. Ich frage sie dann regelmäßig, wofür ein Haus stehe und was sie damit verbinden würden. Lisa und Kai sagen, ein Haus stehe für Freiheit, für die Unabhängigkeit vom Vermieter, man könne in einem Eigenheim tun und lassen, was man wolle. Ihre Kinder hätten dann später ein Elternhaus, an das sie sich gern erinnerten. Und sie hätten etwas zu vererben.

Im Fall von Lisa und Kai wende ich zunächst ein, dass die Finanzierung sie an die Grenze bringen würde. Außerdem sind sie Menschen, die gern verreisen. Nicht weit weg, keine teuren Safaris oder Urlaube in Luxusressorts, sie machen gern Städtereisen, nehmen sich dort ein Hotel und gehen essen und bummeln. Nichts Großes, aber so ein Kurztrip alle paar Wochen schlägt ja auch mit ein paar Hundert Euro zu Buche. Mit einem eigenen Haus und der monatlichen Belastung müssten sie darauf verzichten, ein Stück ihres Lebens, das sie liebten, würden sie aufgeben müssen, sage ich zu ihnen. Unter Umständen müssten sie sogar ihr Auto verkaufen.

Und dann passiert etwas, das ich bei vielen Paaren beobachte: Sie reden sich die Dinge schön. Im Fall von Lisa und Kai klingt das so: »Heiko, das stimmt, aber wenn wir ein Haus haben und einen eigenen Garten, dann würden wir uns bei der Frage ›Wollen wir im Garten was machen oder wegfahren?‹ doch immer für den Garten entscheiden – und da entstehen dann ja keine Kosten.« Aha! Und was ist mit der Leidenschaft »Städte besuchen und sie erkunden«? Die hört in dem Moment auf, in dem ihr ein Haus habt, und dann kommt eine neue Leidenschaft? Nein.

Die Paare sagen immer: Wir kriegen das hin. Eine Überschätzung. Ich habe ja selbst Immobilien finanziert und viele Paare gesehen, die ein Haus gekauft haben. In Wirklichkeit passiert nämlich Folgendes: Die ersten Wochen, nachdem das Eigenheim bezugsfertig ist, sind sie nur im Haus beschäftigt und richten es ein. Nach ein paar Monaten, sie sind fast fertig (fast, weil so ein Haus ja immer auch ein Projekt ist und NIE ganz perfekt), rufen sie dann mal wieder ihre Freunde an: Wollen sie mal gucken kommen, das Haus sehen, man ist ja auch stolz. Ja klar, wollen sie. Aber ein Jahr später sieht das schon anders aus: Da will dann jemand die neuen Hausbesitzer zum Grillen am Wochenende einladen, das Wetter soll schön werden, und sie können nicht: Warum? Sie müssen sich um den Garten kümmern und haben doch nur noch so wenig Zeit, sie sagen ab. Nach zehn Jahren fallen die ersten kleineren Reparaturen an, für die man Geld braucht. Dann ist nicht nur die Reparatur, sondern guter Rat teuer: Nimmst du die gesparten 2 000 Euro und fährst zusammen als Paar oder als Familie in den Urlaub an die See – oder nimmst du das Geld und steckst es in die Fenster, die schon ein bisschen leck geworden sind? Du nimmst wahrscheinlich die Fenster, weil du das Zuhause langfristig erhalten willst.

Lisa und Kai haben aktuell eine schöne Wohnung. Sie hat zwar keinen Balkon, aber ist das so wichtig? Sie besuchen oft ihre Freunde, machen Ausflüge ans Meer oder ins Umland. Sie investieren in ihre Beziehung und blühen auf. Das wollen sie aufgeben für ein Haus? Ja. Weil sie sich nicht darüber im Klaren sind, was sie haben. Sicher, es gibt die Momente, in denen du deinen Besitz, dein Eigenheim, genießen kannst. Aber es sind doch insgesamt sehr wenige. Wenn du auf der Terrasse sitzt und in deinen schönen Garten reinguckst. Häufiger sind die Momente, in denen man sich Sorgen macht: Schaffen wir das finanziell? Was, wenn nicht? Dann müssen wir das Haus verkaufen. Sind nicht mehr kreditwürdig. Ich habe viele Menschen getroffen, die nachts nicht schlafen konnten, weil sie wegen des Geldes nicht mehr weiterwussten. Ich selbst bin übrigens einer davon.

Wer finanziell nicht auf Rosen gebettet ist, bindet sich mit einem Eigenheim einen Klotz ans Bein. Lisa und Kai sind Mitte 30. Stehen in der Blüte ihres Lebens. In dem Alter hat man zwar die meiste Power, aber auch die größten Belastungen zu schultern. Man baut sich eine berufliche Identität auf, will Karriere machen, dann kommen auch noch Kinder dazu (und Elternsein ist ja der krasseste Job, den man sich vorstellen kann). Und dazu noch ein Haus, das einem schlaflose Nächte bereitet? Denn auch die Bedingungen auf dem Arbeitsmarkt sind ja nicht mehr so, dass man weiß: Der Job ist die nächsten 30 Jahre sicher. Ich rate also davon ab, sich finanziell eine Last aufzubürden, die der Beziehung zu viel abverlangt.

Außerdem hat Eigentum noch eine andere Nebenwirkung, die nicht im Beipackzettel des Notars steht: keine Zeit für die Kinder.

Lisa erinnert sich gern an ihre Kindheit. Sie war ein Papakind. Er war für sie der tollste Kerl, ihr Idealbild von einem Mann. Das Problem war nur: Lisas Vater war schon für sie da, aber Zeit für sie hatte er kaum. Lisa kann sich daran erinnern, dass er freitagmittags aus dem Büro kam und dann bis in den späten Samstagnachmittag im Garten verschwand. Rasen säen, am Gartenhaus schrauben, Unkraut vernichten, Laub harken. Zeit für die Kinder hatte er selten.

Lisas Erfahrung mit ihrem Vater hätte sie ja davon abbringen können, selbst auch ein Haus mit Garten zu wollen. Aber das Thema Besitztum und Sich-Dinge-Anschaffen wirkt auf erwachsene Menschen oft so magisch wie ein neuer Harry-Potter-Band auf Kinder. Rationale Überlegungen wie »Was könnte ich alles machen mit der Zeit, die ich nicht dafür aufwenden muss, das Eigenheim abzuzahlen und das Haus in Schuss zu halten« haben da wenig Chancen auf Gehör.

Dennoch wäre es verkehrt zu sagen: »Kauf dir kein Haus!« Denn für viele Menschen ist so ein Eigenheim extrem wichtig. Ein Paar, das ich in meiner Immobilienzeit beraten habe, hat sich getrennt, weil ein Kauf nicht möglich war. Die Frau sagte: »Es tut mir leid, aber es ist mein Lebenstraum. Ich werde versuchen, ihn mit einem anderen Mann zu verwirklichen.« Das ist hart, aber kommt öfter vor, als wir denken. Nur so klar ausgesprochen wird es selten.

Geld als Statussymbol

Du weißt ja, ich bin mit meinem Business pleitegegangen. Vom Haben kam ich zum Sein. Von einem BMW X5 und jenem Haus, auf dessen Dachterrasse ich mir einen Whirlpool hatte bauen lassen, fiel ich auf meine pure Existenz zurück. Das hat mich belastet. Finanziell war das ein Kahlschlag. Aber auch meiner Seele hat die Pleite zu schaffen gemacht. Plötzlich tauchten Fragen auf: Wer bin ich? Wer bin ich ohne den großen SUV? Ohne die Visitenkarte, die allen, denen ich sie gab, zeigte, dass ich es »geschafft« hatte? Ohne das Haus mit dem Whirlpool und mehreren Hundert Quadratmetern? Wer bin ich jetzt?

Geld und das, was man sich damit kauft, haben auch immer damit zu tun, wie man sich sieht. Die Dinge sollen, wenn auch unterbewusst, eine Botschaft senden. In Berlin Prenzlauer Berg etwa tragen im Winter viele Menschen Polarjacken einer bestimmten Marke. Eine kostet rund 900 Euro. Wer sich so eine übertrieben teure Jacke kauft (warm und kuschelig sind ja auch Jacken anderer Hersteller) und mit ihr in den klimatisierten SUV einsteigt, will eine Botschaft senden. Und diese Botschaft heißt: Ich kann das. Ich kann mir dieses Label kaufen. Warum? Weil ich mich mein Leben lang angestrengt habe, gebildet bin, viel arbeite und einen guten Job habe, in dem ich so viel »übrig« habe, dass ich so eine Jacke tragen und so ein Auto fahren kann.

Was steht noch in unsichtbaren Schriftzeichen auf dem Logo? Das, was der Sender vom Empfänger dafür zurück möchte. Anerkennung. Der Träger der Jacke und der Fahrer des SUV sagt unterbewusst: »Wenn du auf das Logo guckst, wünsche ich mir für das, was ich geleistet habe, ein bisschen Anerkennung. Aber bitte, sag es mir nicht ins Gesicht. Ich möchte, dass du siehst, was ich alles dafür getan habe. Denn Kenner wissen, was diese Jacke kostet. Und ich freue mich natürlich, wenn du sagst, dass du die Jacke schön findest. Aber bitte sag nicht, dass sie ganz schön teuer war. Dann würde ich mich genieren. Aber dass du sie schön findest, wünsche ich mir. Weil mir das zeigt, dass die Stunden zu Hause und in der Firma und am Wochenende gut investiert waren und nicht umsonst sind.«

Jens ist ein gut bezahlter Art Director bei einem Magazin. Er arbeitet mehr als 50 Stunden in der Woche, aber sein Vorgesetzter ist ein Arsch, er liebt es, Jens auch am Wochenende noch in die Redaktion zu holen, um das Titelmotiv der kommenden Ausgabe noch einmal zu besprechen (sprich: neu machen zu lassen). Jens ist unglücklich. Er verdient zwar gut, aber Lob oder Anerkennung bekommt er im Beruf keine. Er fühlt sich klein, obwohl er in leitender Position tätig ist. Deshalb geht er mindestens einmal die Woche nach der Arbeit ins KaDeWe, um sich ein schönes Hemd zu kaufen. Er ent-

schädigt sich so für seine gefühlten Qualen und die Arbeitszeit. Jens denkt: »Das gönne ich mir, das habe ich mir verdient. Jetzt tue ich mal was für mich.«

Erst als er einen neuen Job findet, hört Jens auf, stylische Hemden zu jagen. Er ist zu der Frage zurückgegangen: Was erfüllt mich wirklich? Was macht mich wirklich satt – Gambas in einem Edelrestaurant oder reicht nicht auch eine Grillwurst oder eine Stulle mit Freunden am See? Daraufhin reichte er die Kündigung ein.

Meine Frau zum Beispiel legt auf Mode und Style total viel Wert, aber auf Marken nicht. Weil sie es auf der einen Seite wichtig findet, wie sie rumläuft und auf die Straße geht, auf der anderen aber auch oft überschätzt, hat sie mal Style-Fasten gemacht. Das ist eine schöne Übung, finde ich. Vor dem Fasten hat sie sich ein paar Teile aus dem Schrank genommen, die sie tragen wollte. Ihr Gedanke dahinter war: Zehn Tage möchte ich mir mal keine Gedanken über meine Klamotten machen. Wie befreiend.

Was bedeuten dir Statussymbole? Es ist wichtig, sehr offen damit umzugehen, wie viel es dir bedeutet, zum Beispiel Markensachen zu tragen. Und was macht es mit dir, wenn du sie dir nicht kaufen kannst?

Welcher Geld-Typ bist du?

Carsten arbeitet als Redakteur bei einer Lokalzeitung, die seit Jahren nicht läuft. Deshalb ist es für ihn kein Wunder, als an einem Freitagabend die Geschäftsführer in der Redaktion auftauchen und die Mitarbeiter zusammenrufen. Vollversammlung. Dort eröffnet man den Mitarbeitern, dass man die Zeitung aus wirtschaftlichen Gründen nicht mehr weiterführen könne, es tue ihnen leid, aber den Angestellten werde betriebsbedingt gekündigt werden. In seiner Branche ist Carsten kein Einzelfall, er hat von Kollegen und Freunden schon öfter von Kündigungen gehört, dennoch erwischt es ihn kalt. Er hat Angst. Die sich noch dadurch verstärkt, dass seine Frau zu dem Zeitpunkt schwanger ist – auch sie hat keine Arbeit. In den nächsten Wochen, in denen Carsten freigestellt ist und eine neue Arbeit sucht, schnürt es ihm die Kehle zu. Er fürchtet sich davor, künftig arm zu sein. Dabei war ihm die materielle Sicherheit bisher gar nicht so wichtig. Aber er fühlt sich unfrei. Die drohende Abwesenheit von Geld beschneidet ihn (gefühlt) in seinem Freiheitsbedürfnis, alles tun zu können, wozu einen Geld befähigt. Seine Frau Josefine hat auch Angst. Aber nicht, weil sie sich nicht mehr frei fühlt ohne Geld. Sie fühlt sich nicht mehr versorgt – und nicht mehr sicher.

Geld spielt in unserem Leben eine zentrale Rolle. Aber nicht für jeden hat Geld dieselbe Bedeutung. Für den einen bedeutet es, tun und lassen zu können, was er möchte. Für den nächsten steht der Sicherheits- oder Versorgungsgedanke im Fokus.

Ich unterscheide grob zwischen drei Typen:

1. Der Freiheitsliebende

Geld gibt ihm das Gefühl, unabhängig zu sein und tun und lassen zu können, was er möchte: in den Urlaub fahren, ein neues Fahrrad oder ein Kleidungsstück kaufen? Das alles ermöglicht ihm sein Geld. Bei diesem Typ muss man allerdings auch die Gegenfrage stellen: Wo bleibt die Freiheit, wenn sein Geld mal flöten geht?

2. Der Sicherheitsbedürftige

Mir kann nichts passieren, wenn ich etwas auf der hohen Kante habe. Das ist der Leitsatz desjenigen, der Geld spart, um sich sicher zu fühlen. Auch wenn ich meinen Arbeitsplatz verliere oder mir die Wohnung wegen Eigenbedarfs gekündigt wird, mein Geld gibt mir Sicherheit, deswegen gebe ich nicht allzu viel davon aus.

3. Der Distanzierte

Es gibt durchaus Menschen, die kein gutes Verhältnis zu Geld haben. Es macht ihnen Druck. Sie müssen sich kümmern, es anlegen, verwalten. Im Grunde lehnt dieser Typ Geld ab. Es ist für ihn nur ein Tauschmittel. Deshalb will er es auch nicht horten.

Wichtig ist, sich darüber im Klaren zu sein, zu welchem Geld-Typ man selbst und der Partner zählt, um den anderen besser verstehen zu können.

Carla ist Spenden so wichtig, dass sie jeden Monat 200 Euro für wohltätige Zwecke einplant wie die Zahlungen für die Miete oder Versicherungen. Für sie ist klar: Sie spendet. Nach der Heirat legen sie und ihr Mann die Finanzen zusammen. Ihr Mann ist – im Gegensatz zu Carla (Geld-Typ Freiheit) eher der Sicherheitstyp. Zunächst erklärt er Carla für verrückt. Jeden Monat 200 Euro könnten sie doch auch zur Seite legen für schlechte Zeiten. Als sie ihm erklärt, wie wichtig das Spenden für sie ist, einigen sie sich auf einen Kompromiss: 2 000 Euro sparen sie (für alles, was da kommen möge), danach kann Carla ihre Überschüsse für Spenden ausgeben.

Wie man zu Geld steht, hat auch große Auswirkungen auf die Lebensplanung. Denn nicht nur der drohende Verlust von Geld wie im Fall von Carsten und Josefine übt Druck auf eine Beziehung aus und sorgt für Gesprächsbedarf. Auch in die Zukunft gerichtete Investitionen können zu schweren Spannungen innerhalb der Partnerschaft führen, weil Geld auf den jeweiligen Partner so unterschiedlich wirkt wie Sonne auf verschiedene Hauttypen: den einen macht sie braun und schön, und der andere wird rot und hat Schmerzen.

Als Gunnar beim Notar über dem Kaufvertrag für die Eigentumswohnung sitzt, kriegt er Schweißausbrüche. Mit Geld und Besitz will er eigentlich nichts zu tun haben. Aber seine Freundin, die eine eigene Wohnung für ihr Sicherheitsgefühl kaufen möchte, hat sich durchgesetzt: Wäre das nicht wundervoll, eine eigene Wohnung, aus der einen niemals jemand rauskriegen könnte?! Nun sitzt Gunnar da, und in ihm brodelt es. So etwas wollte er nie: sich für mehrere Jahrzehnte auf einen Wohnort festlegen. Ihm geht durch den Kopf, dass auch nach der Unterschrift die Wohnung ja nicht ihm, sondern eigentlich immer noch der Bank gehört. »Und was ist, wenn ich meinen Job verliere? Ohne Wohnung kann ich gucken, was ich möchte, und auch ein paar Monate mit weniger Geld auskommen. Einen Kredit muss ich immer bedienen!« Gunnar unterschreibt am Ende den Kreditvertrag, aber glücklich ist er damit nicht.

Die Beispiele zeigen, wie wichtig es ist, über Finanzen ins Gespräch zu kommen und sich bewusst zu werden: Nicht jeder tickt in Gelddingen gleich. Aber auch: Der Sicherheitstyp ist nicht »besser« als derjenige, der Geld zum

Vergnügen nutzt oder das Freiheitsgefühl liebt. Und auch der »Distanzierte« hat Vorteile: Er lässt sich von Geld und Status nicht so leicht über den Tisch ziehen. Jeder Typ kann vom anderen lernen. Macht das Beste draus.

Liebesgeheimnis 7
auf einen Blick

♥ **Über finanzielles Gefälle sprechen**
Es ist nicht leicht und erfordert neben dem Eros auch die Liebe der Freundschaft (Philia), sagen zu können: »Ich bin herausgefordert dadurch, dass du mehr verdienst als ich.« Die wenigsten stecken es leicht weg, wenn der Partner mehr nach Hause bringt als man selbst. Deshalb muss darüber gesprochen werden. Denn wenn man das tut, verliert das Geld seine Kraft über die Beziehung.

♥ **Gemeinsame finanzielle Verantwortung**
Es ist wichtig, dass beide Partner einen Überblick über die Finanzen haben und auch beide die Verantwortung tragen. Hat nur einer ein Auge auf das Aktienpaket oder zeichnet nur einer der beiden die Lebensversicherung, bekommt auch derjenige die Schuld, falls

etwas schiefläuft mit dem Geld. Und wer wüsste es besser als ich: Das kann passieren. Die Zinspolitik ändert sich – und schon sind Häuser oder Wohnungen mehr oder weniger wert als zuvor. Nehmt den Zündstoff aus der Beziehung und macht gemeinsame Sache.

♥ Überforderung durch finanzielle Überlastung vermeiden

Viele Menschen träumen von einem Eigenheim oder einer Eigentumswohnung. Und vergessen dabei, dass so eine Anschaffung erstens mit hohen finanziellen Risiken verbunden ist und zweitens große Entbehrungen mit sich bringt. Wer finanziell nicht auf Rosen gebettet ist, muss plötzlich überlegen, ob er den gemeinsamen Wochenendtrip tatsächlich macht. Man sieht weniger Freunde, weil man sich nur am Wochenende ums Haus kümmern kann, und muss Geld für Reparaturen zurücklegen. Natürlich, manchmal lohnt sich der Blick auf den schönen Garten. Aber jeder muss gut überlegen, was er sich »ins Haus holt«, wenn er sich ein Haus holt.

♥ Geld als Statussymbol

In den Städten ist es offensichtlich: Geld dient als (Potenz-)Mittel, um zu zeigen, was man hat. Wie viel man arbeitet, spielt eine immer größere Rolle. »Seht her, ich kann mir die Polarjacke mit Fellkragen für 1 000 Euro leisten«, ist das Motto. Oder das MacBook. Oder den SUV. Für ein Paar mit weniger Geld stellt dieses Schaulaufen eine Herausforderung dar, ihr müsst drüber reden, sonst kommt ihr auf die Straße der Unzufriedenheit. Gegenmittel für die Wohlhabenden: Macht Marken-Fasten, um zu sehen, ob ihr wirklich so an den Labels hängt wie sie an euch.

♥ Welcher Geld-Typ bist du?

Brauchst du Geld, um dich sicher oder um dich frei zu fühlen? Oder ist dir Geld eher unangenehm und Besitz setzt dich unter Druck? Wenn du verstanden hast, wie du selbst mit Geld umgehst und wie dein Partner tickt, könnt ihr Probleme besser lösen. Dann schmeißt du als Freiheitsliebender das Geld vielleicht nicht für (noch) einen neuen Designerpulli aus dem Fenster, weil er dir gerade so gut gefällt, sondern nimmst Rücksicht auf deinen sicherheitsbedachten Partner: 1 000 Euro für Unvorhergesehenes wie eine kaputte Waschmaschine müssen zurückgelegt sein, bevor man weiter Investitionen tätigt.

Übungen

Monopoly spielen

Spielt doch mal eine Partie Monopoly zusammen. Was zunächst superharmlos klingt, sorgt häufig für ordentlich Zündstoff in der Beziehung – und man kann beim Spielen eine Menge über den Umgang des Partners mit Geld lernen. Kauft er nur Bahnhöfe und ist der Sicherheitstyp? Oder legt er sich teure Straßenzüge zu und baut Häuser und Hotels darauf, um seine Mitspieler pleitegehen zu lassen, wenn sie ihn »besuchen« kommen? Meine Frau und ich haben in der Vergangenheit schon oft Paare zum Spielen eingeladen und dabei immer wieder große Überraschungen erlebt.

Tauscht das Budget

Einmal in der Haut des Mannes oder der Frau stecken – das wünschen sich viele. Probiert es doch mal aus. Und tauscht einen Monat lang das Budget. Am Ersten überweist ihr jeweils den Betrag, den ihr zur Verfügung habt, aufs Konto des anderen, und dann lebt ihr einen Monat damit. Sehr spannend ist vor allem zu sehen, wie derjenige, der sonst mehr hat, mit dem kleineren Budget umgeht. Und ob sich der »Reichere« von beiden auf das Experiment einlässt. Denn zurückgezahlt wird natürlich nichts.

Macht Listen für kurz- und langfristige Ziele

In die finanzielle Zukunft schauen? Das könnt ihr, indem ihr unabhängig voneinander Ziele nach Wichtigkeit aufschreibt. Was wollt ihr in den nächsten sechs bis zwölf Monaten mit eurem Geld machen? Urlaub, ein Auto kaufen, etwas renovieren? Und was davon ist euch am wichtigsten und hat bei euch oberste Priorität? Das ist die erste Liste. Auf die zweite kommt, was in den nächsten fünf bis zehn Jahren gemacht werden soll. Wollt ihr eine Wohnung kaufen oder ein Auto? Muss das Kind eine Ausbildung machen und dafür soll gespart werden? Und was davon ist euch am wichtigsten? Beide Listen kommen mit einem Glas Rotwein (und einem Taschenrechner) auf den Tisch.

Entwickelt Visionen als Paar und erkennt Chancen

Anfang des Jahres stand ich vor den Menschen in meiner Kirche, und es war mir ein Bedürfnis, ihnen zu sagen: »Geh heute Abend nicht schlafen, wenn du nicht eine Vision für das neue Jahr formuliert hast.«

Visionen sind Tagträume, die dadurch gekennzeichnet sind, dass du im Wachzustand einen Geistesblitz hast, der dir mit absoluter Sicherheit sagt: So ist es. Das hat nichts mit Träumerei zu tun. Visionen lassen uns Chancen erkennen. Dabei optimistisch zu sein hat nichts damit zu tun, die Realität zu verkennen. Nur wer fest an etwas glaubt, hat überhaupt die Chance, dass seine Vorstellungen wahr werden. Dieses Buch ist das beste Beispiel: Wir haben immer daran geglaubt. Auch wenn den Pastor Heiko Kienbaum mit seiner verqueren Lebensgeschichte keiner kennt, wussten mein Mitautor Lars Christiansen und ich immer, dass wir dieses Buch schreiben dürfen, um Menschen dabei zu helfen, ein gutes Paar zu werden. Wenn wir nicht an die Idee geglaubt hätten, hätten wir kein Exposé geschrieben, hätten keinen Verlag dafür begeistern können und keine Leser. Aber wir hatten eine Vision, obwohl noch nichts da war. Wir Deutschen denken ja oft, wir bräuchten zuerst eine gute Ausbildung mit einem Zertifikat, um die Perspektive zu haben, dass etwas Gutes daraus entstehen kann. Aber wir hatten nichts.

Vielleicht stehst auch du gerade in deinem Leben an einem Punkt, wo du etwas willst, und es sieht noch nach gar nichts aus. Ich sage: Tu dir den Gefallen und fang einfach an. Auch wenn jemand meint, du seist dafür nicht ausgebildet. Auch wenn dir Menschen sagen, dass es kaum eine Chance gebe, dass dein Traum wahr wird. Kann sein, dass es stimmt. Kann aber auch nicht sein. Wenn du es nicht probierst, wird es auf keinen Fall was. Wenn wir beim Schreiben des Buches mal nicht weiterwissen, dann stellen wir uns vor, wie es jemand in Händen hält, oder, noch besser, es im Buchhandel ausverkauft ist. Stell dir das mal vor! Imagine! Und schon geht es weiter mit dem Schreiben.

Lars und ich haben auch die Kulturveranstaltung »Das große Scheitern«, auf der Menschen von ihrem persönlichen Scheitern sprechen, auf die Beine gestellt – ohne dass wir vorher mit Veranstaltungen je etwas zu tun hatten. Wir haben es einfach gemacht. Wir hatten die Idee, haben einen Gastronomen gefragt, ob wir seine Räume nutzen dürfen, und alles Weitere organisiert. Und es hat geklappt: Heute kommen regelmäßig viele Menschen zu den Veranstaltungen, wo Redner vor Publikum von ihrem persönlichen Scheitern erzählen. Es geht im Leben darum, zu *machen*. Anzufangen. Auch ohne eine Ausbildung. Auch ohne ein Zertifikat. Denn nur wenn du anfängst, kann es sein, dass sich auf dem Weg etwas ergibt. Starke Erlebnisse schaffen Zuversicht: Es war toll zu sehen, wie der Zuschauerkreis immer weiter wuchs. Inzwischen sind wir zuversichtlich, dass die Veranstaltung auch in größerem Rahmen funktionieren würde. Wir sind bereit, den nächsten Schritt zu gehen. Wenn du deine Idee teilst, macht es dich angreifbar, aber du kannst eben auch auf Menschen treffen, die dir weiterhelfen, wenn du ihnen davon erzählst. Und die deine Vision unterstützen. Warum wir dennoch oft nicht anfangen, ist immer wieder dasselbe: Es ist die Angst vor dem Versagen, und die Angst davor, in irgendeiner Art und Weise von anderen ausgelacht oder verurteilt zu werden. Meine Oma, die schon verstorben ist, würde mit 100-prozentiger Sicherheit sagen: »Junge, was machst du nur den ganzen Tag für einen Mist?!« Wenn ich das schreibe, höre ich ihre Stimme in meinem Ohr.

Visionen, das sind Ideen für dein Leben, für dein eigenes und das als Paar. Visionen spannen einen großen Bogen über einen längeren Zeitraum. Als ich meine Frau heiratete, machten wir aus, unsere Leben in den Dienst von anderen zu stellen. Wir wollten andere ermutigen, ihr Leben groß zu machen und in ihren Begabungen zu leben. Denn es ist entscheidend herauszufinden, wozu man fähig ist und wo man sich gut aufgehoben fühlt. Außerdem verabredeten Maja und ich, unsere Kinder zu lebensfrohen und selbstbewussten Menschen zu erziehen. Klar war auch immer, dass wir nah an Gott leben und füreinander da sein wollten.

Auf dem Weg dahin gab es natürlich Zweifel und Angriffe auf die Überzeugungen: Als ich mit meinen Firmen in der Immobilienbranche pleiteging, war mein Selbstbewusstsein am Boden. Ich dachte, ich sei ein Versager. Ich sagte nicht: »Ich habe versagt – in einem Bereich meines Lebens.« Ich sagte: »Ich bin. Ein Versager.« Ich habe die Formulierung »Ich bin«, in dem die Vollverurteilung des Menschen impliziert ist, im »Liebesgeheimnis 2« schon angesprochen. Heute weiß ich, dass meine Frau in der Zeit für mich betete. Jeden Tag. Über Jahre. Dass ich nah an Gott bleiben und er mir aus der Krise heraushelfen möge. Sie war für mich da. Das ist ein Teil unserer Vision, die bis heute aktuell ist.

Wenn du vielleicht mit Gott nichts anfangen kannst, hilft es immer, sich zu fragen: Hat die eine Sache, die schiefgegangen ist, die Kraft, deine Gesamtvision, die überspannende Lebensvision, infrage zu stellen oder sogar zu zerstören? Vielleicht ist ja nur der eine Weg gerade gescheitert. Nur weil das Traumauto, das ich mir gekauft habe, mal liegen bleibt, gebe ich ja nicht den ganzen Wagen auf. Die Erkenntnis dabei ist nicht: »Ich kann nicht Auto fahren«, sondern: »Ich habe nicht rechtzeitig getankt.« Das ist ein kleiner, aber entscheidender Unterschied.

Wir alle wollen in unseren Begabungen leben, auch ich. Eine meiner Stärken ist es zu reden. Im großen Rahmen, wenn ich in der Kirche stehe. Aber auch im Zweiergespräch scheue ich mich nicht, unangenehme Wahrheiten auszusprechen. Das liegt daran, dass ich niemals den ganzen Menschen kritisiere, sondern, wenn überhaupt, Teile seines Handelns. Vielleicht hat Gott diese Stärke in mich hineingesprochen, denn ich kann mich noch gut an eine Szene aus meiner Kindheit erinnern: Ich war ungefähr neun Jahre alt. Meine Mutter hatte mich wieder mal geschlagen. Alles tat mir weh, und ich stellte mich vor den Spiegel und sagte zu Gott: »Bitte hol mich hier raus. Wenn du das tust, will ich mein Leben lang von dir erzählen.« Daran halte ich mich. Von Gott zu erzählen, das ist der große Rahmen meines Lebens. Neben dem gemeinsamen Plan mit meiner Frau war das schon damals die Vision für mein eigenes Leben.

Wer Visionen hat, muss nicht zum Arzt

Der ehemalige deutsche Kanzler Helmut Schmidt, den ich grundsätzlich immer geschätzt habe, hat leider einen Satz geprägt, den er einmal in einem Interview von sich gegeben hatte: »Wer Visionen hat, sollte zum Arzt gehen.« Später wurde er noch einmal darauf angesprochen, und er hat ihn sogar noch bestätigt. Er sei nach seiner großen Vision gefragt worden, erzählte er, woraufhin er seinen Ausspruch bestätigte und sagte: »Es war eine pampige Antwort auf eine dumme Frage.«

Und doch: Der Satz »Wer Visionen hat, muss zum Arzt« hat sich in unsere deutsche Kultur eingebrannt, selbst wenn wir das vielleicht gar nicht so wollten. Aber sind wir Deutsche Menschen, die Visionen haben? Werden wir gelenkt von einer Regierung, die ein großes Ziel vor Augen hat, das sie erreichen will, und sich deshalb auf den Weg macht? Haben wir als Land eine große Idee? Für mich sieht es nicht danach aus. Mein Eindruck ist vielmehr: Wir Deutschen haben Schwierigkeiten, beim Thema Chancen und Visionen an das Positive zu glauben. Wir gehen irgendwie grundsätzlich davon aus, dass es schlechter wird, wenn sich etwas verändert. »Wenn mein Job weg ist, finde ich keinen anderen mehr.« – »Eine besser passende Frau statt einer, mit der ich mich die ganze Zeit streite? Nein, da bleibe ich lieber bei meiner jetzigen – hier weiß ich, was ich habe.« Ich behaupte: Wir haben keine gute Sicht auf das, was noch nicht da ist. Wir haben wenig Glauben daran, dass es in der Zukunft gut oder sogar noch besser werden könnte als das, was wir haben.

Dabei sind Perspektive und Optimismus das eine, aber Visionen gehen noch einen Schritt weiter. Sie sind für uns oft ein großes Problem. Dabei sind Visionen sehr alt. Im Alten Testament kommen sie häufig vor: König Salomo, der vor vielen Tausend Jahren lebte, wird im Buch der Sprüche der Satz zugeschrieben: »Ohne Visionen verwildert das Volk.« Der Satz gilt noch heute: Ohne einen gemeinsamen, in die Zukunft gerichteten Blick können wir als Gemeinschaft keine Ziele entwickeln. Und wir strengen uns auch nicht an, weil wir ja gar nicht wissen, wohin wir wollen. Die kleinste Gemeinschaft, von der wir hier im Buch vorwiegend sprechen, ist die Gemeinschaft in einer Beziehung oder der Familie.

Die Frage nach Visionen soll also dumm sein? Sie soll uns zum Arzt führen? Das kann ich nicht unterschreiben. Ich denke vielmehr, das Gegenteil ist richtig. Eine große Vision zu haben ist schlau. Sie gibt dir Power. Du kannst nach ihr dein Leben ausrichten.

Wer eine Vorstellung von seinem Leben hat, erkennt die Chancen und Möglichkeiten viel leichter, die sich auf dem Weg dahin bieten. Nur wer ein Ziel hat, kann sich fragen: Passt diese Entscheidung zu meinem großen Plan? Rhetorische Frage: Könnte jemand, dessen Idee es ist, ein ökologisch sinnvolles Leben zu führen, in Aktien eines Fracking-Unternehmens investieren? Das ist wohl kaum vorstellbar. Viel eher würde er doch nachhaltige Investments tätigen, auch wenn Ersteres vielleicht ein vermeintlich einträglicheres Geschäft wäre.

Jeder sollte sich die Frage stellen: Was will ich erreichen? Wo will ich hin? Wie will ich mein Leben gestalten? Es ist eine schöne Übung, das Dasein vom Ende her zu denken und sich zu fragen: »Was soll auf meinem Grabstein stehen?« Die meisten Menschen machen das aber nicht. Sie denken ausschließlich linear vorwärts: Du wirst geboren, gehst in die Kita und in die Schule. Dann machst du eine Ausbildung, gehst auf eine Fachhochschule oder eine Universität, damit du im Arbeitsleben genug Geld verdienst, damit du mit Renteneintritt dein Haus abbezahlt hast. Um dann die letzten 15 Jahre deines Lebens genießen zu können. Aber was ist mit den Jahren dazwischen? Für meine Begriffe solltest du dir deine Reise schön machen – und die Zeit, die du hast, nicht verplempern. Sie ist ein hohes Gut. Sie ist ein Geschenk. Dein Leben fängt nicht erst irgendwann in der Zukunft an, du bist längst mittendrin. Jeder Tag ist neu und so noch nie da gewesen. Du bist die Summe deiner Entscheidungen, und was du tust, entscheidest du genau jetzt.

Wie du deine Zeit nutzt, kannst du gut überprüfen, wenn du daran denkst, was auf deinem Grab stehen könnte. Lautet die Inschrift: »Heiko hat sich in andere Leute investiert, er war immer für seine Freunde da und hatte ein offenes Ohr. Außerdem hat er immer wieder nach Situationen gesucht, in denen er Menschen dazu brachte, über sich hinauszuwachsen«? Oder steht da: »Heiko hat vor allem sich selbst geliebt. Er hat immer wieder nach Situationen gesucht, in denen es möglich war, sich mit beißendem Humor über andere lustig zu machen«?

Am Ende des Weges bleiben oft wenige Erinnerungen an einen Menschen in den Köpfen der Hinterbliebenen. Am Ende geht es um die zentralen Fragen: Hatte der Verstorbene Zeit für seine Liebsten, oder hat er sich immer fürs Büro statt für die Familie entschieden? Konnte er seinen Nächsten zeigen, dass er sie lieb hat, oder nahm er sie als selbstverständlich hin oder hat sie sogar schlecht behandelt? Hatte er guten Kontakt zu seinen Kindern, oder sind sie irgendwann im Streit auseinandergegangen? Entscheidend ist: Wie soll man sich an dich erinnern?

Das Leben unter ein Motto stellen – allein und als Paar

Wer sein Leben vom Ende her denkt, kann viele Fragen für das Hier und Jetzt beantworten. Der weiß, was zu tun ist, weil er sich auf einer langen Reise befindet, die aber unter einem bestimmten Motto steht und ein langfristiges Ziel hat. Welches Motto könnte das sein? Zum Beispiel: »Ich möchte ein Leben in Großzügigkeit führen.« Dann ist die daraus resultierende Handlung, dass ich zum Beispiel etwas von meinem Geld an diejenigen weitergebe, die es brauchen. Ich selbst habe schon mal anonym 200 Euro bei jemandem in den Briefkasten gesteckt, von dem ich wusste, dass er finanziell gerade nicht wusste, wie es weitergehen sollte – ich hatte damals mehr Geld zur Verfügung, als ich brauchte, und dieses Gemeindemitglied hatte es mehr als nötig. Und als es mir selbst einmal finanziell nicht gut ging und ich einen Coachingkurs schon absagen wollte, weil ich ihn mir nicht leisten konnte, rief mich der Kursleiter mit folgender Botschaft an: »Heiko, es hat jemand den Kurs für dich bezahlt, der anonym bleiben will. Das Geld ist schon auf meinem Konto eingegangen.« Ich war fassungslos! Wie schön! Da hatte sich auch jemand entschieden, großzügig zu sein.

Nicht nur mit Geld kann man großzügig sein, auch mit Zeit. Es ist heute nicht mehr so üblich, aber es ist schön, sich Zeit für Dinge zu nehmen.

Wenn Lena ihre Eltern besucht, fährt sie nicht nur für eine Stunde hin. Sie bleibt den ganzen Nachmittag. Sie sagt: »Ich bin kein Schnellbesucher. Wenn ich zu ihnen gehe, will ich auch da sein und nicht schon gleich wieder wegmüssen.« Und wenn Lena jemanden bei sich im

Hausflur trifft, nimmt sie sich immer drei Minuten und fragt denjenigen, wie es ihm geht. »Eine kleine Unterhaltung, und die Menschen blühen auf«, sagt sie. »Die Zeit, die ich vermeintlich opfere, ist schön für den anderen, der in diesem Augenblick erzählen kann, was ihn gerade beschäftigt. Aber für mich ist es auch schön, ich bekomme einen Einblick in das Leben des anderen und kriege von ihm Wertschätzung zurück.« Lena weiß immer, was in ihrer Umgebung los ist.

Sich für ein Leben in Großzügigkeit zu entscheiden hat also wunderbare »Nebenwirkungen«, da brauchst du nicht deinen Arzt oder Apotheker zu fragen.

Man kann sein Leben auch unter eine andere Vision stellen. Etwa: »Ich investiere mich in meine Kinder.«

Johann ist seit einem Jahr von seiner Frau getrennt, als er ein hoch dotiertes Jobangebot bekommt. Er ist selbstständiger Journalist und bekommt von einem großen Verlag das Angebot, Chefredakteur der Corporate-Publishing-Sparte zu werden. Er findet das Angebot verlockend, hat sich aber zuvor entschieden, sich Zeit für seinen Sohn zu nehmen, dem er wegen der Trennung besondere Aufmerksamkeit schenken möchte. Es fällt ihm nicht leicht, das Angebot abzulehnen, aber er tut es, weil er vorher entschieden hat, den Fokus in den kommenden Jahren auf sein Kind zu legen.

Wie schön wird es für Johann sein, wenn sein Sohn in zehn oder sogar 20 Jahren erkennt, dass sich sein Vater für ihn entschieden hat! Nicht für die Arbeit. Denn es ist so sicher wie das Amen in der Kirche, dass das Verlagshaus ihm keinen Dank dafür ausgesprochen hätte, dass er sich gegen seinen Sohn und für die Arbeit entschieden hat.

So gibt es viele Mottos, viele Ideen, unter die man sein Leben stellen kann: »Ich möchte in meinem Leben reisen und andere Kulturen kennenlernen.« Dann verzichte ich vielleicht auf ein Auto und spare das Geld, um einmal mehr wegfliegen zu können. Oder: »Ich möchte ein Leben in finanzieller Sicherheit.« Dann lege ich etwas mehr Geld auf die Seite und verzichte auf ein neues Hemd, weil es mich beruhigt, genug auf der Bank zu haben, falls mal die Waschmaschine streiken sollte. Die Quintessenz ist: Wer etwas beschließt, hat es leichter, mit den alltäglichen Entscheidungen umzugehen.

Langfristige Ziele als Paar setzen

Was für eine Vision hast du für dein Leben und ihr für eures als Paar? Eine Vision entwickelt sich nicht von jetzt auf gleich. Aber mit ihr hat man einen Leitfaden, an dem man sich ausrichten kann. Wie ein Seiltänzer, der das andere Ende immer im Blick haben muss, um anzukommen.

Wenn er auf die Füße oder nur auf den nächsten Schritt guckt ohne den weiten Fokus, fällt er runter. Dieses Bild kann man sich auch als Paar vorstellen. Jeder Seiltänzer kommt von einer Seite und geht auf den anderen zu. In der Mitte treffen sich die beiden mit ihren jeweiligen Ideen und werden eins. Mit einer gemeinsamen Vision. Ich halte nichts davon, wenn nur einer seine Idee leben darf. Das Ergebnis ist oft, dass einer frustriert ist, weil er sich irgendwann nicht mehr gesehen fühlt. Dann kippt er vom Seil runter, weil er seine eigenen Ziele aus den Augen verloren hat.

Viktoria ist eine Frau Mitte 30, die mit vielen Geschwistern aufgewachsen ist. Ihr Mann Daniel arbeitet den ganzen Tag praktisch allein in seinem Atelier. Weil sie Gesellschaft liebt und er sie nötig hat, haben sie vor rund einem Jahr beschlossen – als sie wieder einmal dachten, dass man mit kleinen Kindern (sie hatten zwei) einfach nicht mehr ausgehen könne –, dass sie gemeinsam dafür sorgen wollen, einmal an jedem Wochenende Gäste zu haben. Sie setzten ihre Vision in die Tat um, und es war eine großartige Entscheidung. Neben der Versorgung der Kinder haben sie nun eine wunderbare Aufgabe, die sie gemeinsam angehen. Wer soll kommen? Was soll es zu Essen geben? Haben die Gäste auch Kinder? Könnten die nicht mitkommen, und wir machen eine Übernachtungsparty draus? Seit sie den

Entschluss gefasst haben, schaffen es Viktoria und Daniel wirklich fast jedes Wochenende, dass an einem Abend jemand bei ihnen zu Besuch ist. Es macht sie sehr glücklich.

Johanna und Karl haben sich beim Reisen kennengelernt und sich verliebt. Sie tauschen sich gern darüber aus, wo sie schon überall gewesen sind. Als sie Kinder bekommen, wollen sie das Reisen nicht aufgeben, aber das Budget ist knapp und auch die Zeit. Sie haben das Glück, dass Karls Eltern in ihrer Stadt wohnen und sich bereit erklären, in regelmäßigen Abständen die Kinder für ein Wochenende zu sich zu nehmen. Nun suchen sich Johanna und Karl regelmäßig Reiseziele in Europa aus, die schnell zu erreichen sind, und buchen früh, damit es schön günstig bleibt. Nun reisen sie alle paar Monate für einen Spottpreis in eine fremde Stadt und bereichern so ihr Leben durch tolle Erlebnisse, die sie teilen.

Du kannst dir auch wünschen, ein Paar zu sein, das sich immer mal wieder fragt: »Was ist das Gute an der jetzigen Situation? Welche Ideen haben wir noch nicht verwirklicht? Wo wollen wir noch gemeinsam hin? Was können wir tun, um unser berufliches, privates und soziales Leben positiv zu verändern? Wie wollen wir die Menschen in unserem Umfeld stärken?« Oder ihr sagt euch:

»Wir wollen bis ins hohe Alter unglaublich guten und hei-ßen Sex haben.« Das kann man formulieren. Und sollte man auch. Ich zum Beispiel bete immer für guten Sex. Wenn ich einen Wunsch ausdrücken darf, dann darf ich auch das formulieren.

Meine Frau und ich versuchen, dem anderen seine Träume und Visionen zuzugestehen. Nachdem ich pleite-gegangen war und wir auch unser Café, das wir in Bonn zusammen betrieben hatten, zumachen mussten, zogen wir 2016 nach Berlin. Und in der Hauptstadt erfüllte ich mir noch einmal einen Lebenstraum: das Studium der Psychologie. 2018, zwei Jahre später, äußerte meine Frau den Wunsch, ihre Stelle als Pädagogin aufzugeben und auf ihren Bachelor noch ein Masterstudium draufzusat-teln. Keine Frage, dass wir uns zusammen hingesetzt und überlegt haben, wie das gehen könnte mit drei Kin-dern. Inzwischen studiert sie – und ich liebe es, wie sie im Studium aufblüht. Jeder von uns kann also seine eige-ne Vision leben. Und zusammen haben wir auch eine – die des Großmachens unserer Kinder und das Großma-chen und Fördern der Talente unserer Mitmenschen.

Wir neigen leider viel zu oft dazu, unser Leben nach kurzfristigen Zielen auszurichten und diesen hinterher-zuhetzen wie ein Hund dem Knochen, der ja auch nur ein kurzes Kauvergnügen verspricht. »Wenn ich diesen einen Karriereschritt noch mache, werde ich danach mehr Zeit für dich haben«, »Dieses Projekt brauche ich noch für meinen Lebenslauf«, »Noch dieses Auslandsjahr, dann ist meine Bewerbungsmappe perfekt und wir können durchstarten«. Das sind einige typische Nur-noch-dann-Sätze. Wer sie ausspricht, lebt nicht im Hier und Jetzt und fühlt sich wahrscheinlich sehr ausgelaugt, weil die Schritte, die er unternimmt, nur Energie ziehen. Auch mir unterlaufen diese Sätze leider dann und wann. Zum Beispiel wenn ich zu meinen Kindern sage: »Ich räume nur noch kurz die Küche fertig auf, dann spiele ich mit dir«, »Ich schreibe nur noch diese Mail, dann lerne ich mit dir«, »Nur noch kurz einen Kaffee machen, dann helfe ich dir«. Und wie reagieren meine Kinder auf diese Sätze? Genervt. Natürlich.

Chancen im Alltag erkennen

Wenn ich an den Umgang mit meinen Kindern denke, denke ich oft an meine Frau, die mal den Satz gesagt hat: »Unser Alltag ist ihre Kindheit.« Als sie das sagte, ging mir ein Licht auf: Sie werden sich später nicht an einzelne Situationen erinnern, sondern an ihre Kindheit insgesamt, an den Alltag. War es insgesamt lustig? Oder war es insgesamt stressig? Wurde diskutiert oder befohlen? Durften sie etwas mitentscheiden oder nicht? Haben sie sich insgesamt gut aufgehoben, angenommen und geliebt gefühlt? Und ich möchte unbedingt alles in meiner

Macht Stehende dafür tun, dass meine Kinder gute Erinnerungen an ihre Kindheit haben.

Deshalb versuche ich – bei aller langfristigen Planung – in unseren Alltag immer wieder etwas einzubauen, das ich Pippi-Langstrumpf-Momente nenne. Das sind Augenblicke ohne Pflichten, in denen man es sich nett macht und die einen zum Lachen bringen. Dazu braucht man übrigens keine eigenen Kinder. Jeder war ja selbst mal eins! Ich kann empfehlen: einen Papierflieger basteln und ihn runter auf die Straße segeln lassen – mal sehen, welches Modell am weitesten fliegt! Oder Wichteln! Steck deinem Partner doch mal einen kleinen Zettel ins Kleingeldfach des Portemonnaies, ohne dass er davon weiß. Was meinst du, wie der strahlt, wenn er in der Kantine bezahlen will und eine kleine Liebesbotschaft von dir in den Händen hält?

Kleine Auszeiten machen den Alltag schön, und die fünf Minuten Zeit, die es dauert, um einen Papierflieger zu basteln oder einen kleinen Zettel fürs Portemonnaie zu schreiben, lassen unsere Seele aufblühen. Nicht nur kleine Menschen brauchen diese Pippi-Langstrumpf-Momente, in denen du locker lässt, dich gedanklich wie Kalle Blomquist unter einen Baum legst und imaginären Verbrechern hinterherjagst oder einen Spaziergang durch den Park machst, ohne auf Wurzeln zu treten. Jeder muss sich die Momente in sein Leben zurückholen, in denen er oder sie wieder Kind sein und das Leben genießen kann. Nur dann gehst du vom strengen Fokussieren auf ein bestimmtes kurzfristiges Ziel weg und weitest deinen Blick für das große Ganze.

Timon hat irgendwie die Vorstellung des amerikanischen Traums im Kopf: Jeder kann es schaffen, wenn er nur hart genug arbeitet. Was in den USA das Motto »Vom Tellerwäscher zum Millionär« ist, ist für ihn die Idee, vom einfachen Angestellten seiner Firma zum Bezirksleiter und dann zum Regionalchef aufzusteigen – in immer kürzerer Zeit. Der Firmenwagen soll wachsen vom A3 zum A4 zum A6. Auch seine Eltern sollen sehen, wie weit er es bringt. Das Problem ist, dass er dabei seine Frau vernachlässigt. Er verlässt morgens früh das Haus und kommt wieder, wenn die Kinder im Bett sind. Dass seine Frau de facto alleinerziehend ist, sieht er nicht. Er sieht, dass er genügend Geld nach Hause bringt und seine Frau doch ein schönes Leben haben müsste. Sorgt er nicht gut für sie? In finanzieller Hinsicht schon, aber das ist nicht alles. Seine Frau fühlt sich nicht gesehen und ungeliebt von ihrem Mann, der nie da ist.

Als Paar, das schon länger zusammen ist, müsst ihr euch diese kleinen Glücksmomente im Alltag erarbeiten, der uns alle sehr fordert. Zudem ist die Angst vor sozialem Abstieg heute extrem groß. Die Krankenstände sind so niedrig wie seit Jahren nicht. Daran erkennt man den

Druck in der Gesellschaft. Der Gedanke, ersetzt zu werden und nicht mehr wichtig zu sein, ist allumfassend. Und er macht Angst.

Früher sagte man ja, es brauche ein ganzes Dorf, um ein Kind zu erziehen. Das ist heute auch noch so, nur die helfenden Hände sind leider viel weniger geworden. Das meiste muss vom Elternpaar allein geschafft werden. Und doch ergeben sich auch im Alltag immer wieder viele Möglichkeiten.

So nutzt du die vielen Möglichkeiten

Bevor ich von den Chancen erzähle, die man selbst in einer stressigen Welt hat, will ich eine kurze Geschichte von meiner Großmutter erzählen, bei der ich ja aufwuchs, nachdem ich mit 14 bei meiner Mutter raus bin. Meine Großmutter bereitete immer sehr leckere Gerichte zu, und wenn sie Rotkohl machte, kochte sie dafür immer eine Speckschwarte aus. Ledrig auf der einen Seite und fettig auf der anderen. Die briet sie immer in Gänseschmalz aus und gab sie dann in den Rotkohl. Ich habe sie irgendwann mal gefragt: »Warum machst du denn so was?« Weil: Das sah total eklig aus. Und was hat sie geantwortet? »Der Geschmack wird dann viel besser.«

Daran erinnere ich mich oft, wenn es darum geht zu sehen, was für Chancen unterschiedliche Herangehensweisen bieten: Du kannst Rotkohl nehmen und schnippeln und Salz und Pfeffer dranmachen, das wird gut schmecken. Aber du kannst auch die Schwarte ausbraten und es zu einem richtig runden Mahl machen. Du kannst dich ernähren, damit dein Hunger gestillt wird, oder ein Festmahl zubereiten. Beides macht satt. Das jeweilige Vorgehen aber ist vollkommen anders.

Das wiederum kannst du aufs Leben übertragen. Wie gehst du an deinen Alltag heran? Wie achtsam bist du mit deinem Partner? Stell dir eine Beziehung vor, die in Ordnung ist. Ihr geht respektvoll miteinander um, schlaft ab und zu miteinander, die Grundbedürfnisse sind erfüllt. Oder du sagst: Imagine! Wie könnten deine Beziehung und dein Leben aussehen, wenn du anfängst, dir Gedanken zu machen?

Sucht euch einen Bereich in der Partnerschaft und bratet darin eine imaginäre Speckschwarte aus: Macht doch mal eine Unternehmung außer der Reihe. Geht am Dienstagabend ins Eisstadion, wenn kein anderer da ist, und dreht eine Runde mit geliehenen Schlittschuhen. Kostet nicht viel, trägt einen aber noch Tage danach. Oder macht mal zusammen eine Stadtrundfahrt im Linienbus. Hier in Berlin kann man mit der 200 zum Berlin-Tarif im Doppeldecker durch die ganze Stadt düsen.

Möglichkeiten gibt es genug, man muss nur etwas kreativ sein und sich nach ihnen ausstrecken. Das sehen wir als Familie jeden Abend, wenn jeder von uns herausgefordert ist, beim Abendbrot von den drei Dingen zu erzählen, die an dem Tag richtig toll waren. Da müssen wir manchmal ganz schön lang überlegen. Denn das meiste, was wir erleben, ist Durchschnitt. Aber nach den richtig tollen Dingen kann man suchen. Oder sie herstellen. Wir haben zum Beispiel mal für jemanden an der Supermarktkasse bezahlt. Wir haben ja selbst nicht so viel Geld und uns deshalb eine Person vor uns rausgesucht, die nur ein paar Dinge aufs Band gelegt hatte, keinen ganzen Einkaufswagen. Und als der Mann bezahlen sollte, sagten wir: »Entschuldigung, wir übernehmen das für Sie.« Sein Blick war unbezahlbar. Das ist das Unmöglichste, was sich Menschen vorstellen können. Dass jemand Fremdes deine Rechnung bezahlt! Viele haben tatsächlich sogar ein Problem damit. Weil sie Geschenke von Fremden nicht annehmen können. Ich gebe den Menschen dann immer eine Begründung, warum ich für sie bezahlen möchte. Sonst haben sie das Gefühl, mir etwas zurückgeben zu müssen. Aber das will ich ja gar nicht. Ich sage dann: »Mein Leben ist gerade so schön, dass ich das Gefühl habe, etwas davon weitergeben zu müssen. Also würde ich gern für Sie bezahlen.«

Ich liebe diese Aktionen auch deshalb, weil man so viele Menschen damit erreicht: die Kassiererin, die anderen Menschen an der Kasse. Und die erzählen das weiter. Das ist toll. Das ist gelebte Nächstenliebe, die sichtbar wird. Jeder kann solche Dinge tun, sie kosten wenig und geben viel. Und man verändert etwas im Leben. Im eigenen und in dem der fremden Person. Und im Leben derer, die es gesehen haben.

Ich auf jeden Fall bin nach dem ersten Mal rausgegangen aus dem Supermarkt und war richtig euphorisch: »Leben, hier bin ich!« Seitdem habe ich es mir zum Prinzip gemacht, gedanklich vorbereitet zu sein, falls jemandem ein paar Cent beim Bäcker fehlen oder für die Tramfahrkarte: Dann gebe ich demjenigen das, was er nicht hat, dazu. Es ist einfach schön zu geben.

Aber natürlich bietet der Alltag noch viel mehr Möglichkeiten, die du nutzen oder verstreichen lassen kannst:

Charlotte und Daniel machen den Montag manchmal zum Sonntag. Dann steht Daniel eine Stunde früher auf und macht Frühstück. Zu den Croissants und Brötchen stellt er noch kleine Schüsselchen mit Leckereien auf den Tisch. Es gibt Gurke, dazu Paprika, der Aufschnitt und der Käse sind schön aufgetischt. Die Erwachsenen bekommen nicht nur frischen Kaffee, sondern auch ein Gläschen Prosecco. Ihr gemeinsamer Sohn Max kriegt oft einen Kakao, der extra warm gemacht wird – vor der Schule. So startet man ganz anders in die Woche als mit einem Butterbrot. Das macht auch satt. Aber nicht unbedingt glücklich.

Bei Christina und Felix läuft das Abendessen in der Regel so ab: Christina schmiert die Brote oder kocht Spaghetti bolognese, Felix sucht das Fernsehprogramm aus. Zu trinken gibt es Wasser oder Wein, während sie zusammen essen.

Der Unterschied zwischen den Haushalten dürfte mehr als klar geworden sein. In jedem Essen liegt eine Chance, etwas draus zu machen.

Die Chancen liegen auf der Straße, sagt man ja. Und das tun sie tatsächlich. Ein schöner Spaziergang ohne Ziel ist ein Pippi-Langstrumpf-Moment, der einen freien Kopf schafft für frische Gedanken. Das Leben ist so reichhaltig, es hält fortwährend komische oder dramatische Momente parat, wenn man sie nur an sich ranlässt und ihnen erlaubt, Teil des eigenen Lebens zu sein. Wir fokussieren uns nur leider sehr stark auf die Ziele in unserer eigenen, unmittelbaren Welt und vergessen um uns herum die vielen schönen Kleinigkeiten, die das Leben an sich ausmachen.

Ich stand neulich auf dem Parkplatz eines Discounters und lud das Auto voll, es war so fünf Uhr nachmittags, und da hörte ich auf einmal die Abendvögel zwitschern. Das ist für mich ein Gefühl der Glückseligkeit. Da möchte ich mich sofort mit einer Roséschorle auf den Balkon setzen und Danke dafür sagen, dass ich am Leben bin. Ich

243

hab dann drei Sekunden die Tüten Tüten sein lassen und habe aufgehört, das Auto vollzuladen. Drei Sekunden, länger war das nicht, aber das war für mich Glück.

Leider ist es so, dass wir Menschen im Stress das Paar, das wir beim Sex in der Wohnung über uns hören, das kurze Gespräch mit der Supermarktkassiererin, das Lob von der besten Freundin ignorieren. Wir machen einfach weiter wie gewohnt, statt mal kurz innezuhalten. Dann kommt nach dem einen kurzfristigen Ziel mit Sicherheit das nächste. Und dann: Noch ein Job. Noch ein Ziel. Und noch ein Projekt.

Ich spiele manchmal ein Spiel mit mir selbst, indem ich mir vorstelle, dass das, was ich sehe, im Kino zu sehen ist. Ich nenne das den *Panoramablick*. Ein alltäglicher Moment bekommt so eine Bedeutung. Um bei dem Beispiel mit dem Discounter-Parkplatz zu bleiben: Ich sehe mich, wie ich da stehe, die Vögel fliegen über mich hinweg, dazu ein bisschen dramatische Musik. Schon hat man einen Gänsehautmoment kreiert. Hat man im Alltag ja sonst nicht so. Auf diese Weise aber bekommen die Bilder eine ganz andere Dimension. Alles wird sehr schön, so, als könnte genau dieses Bild eben auch auf einer Leinwand zu sehen sein.

Das Leben ist ein Fluss, dessen Verlauf wir selbst bestimmen können. Es heißt zwar immer, dass der Fluss einen mitreiße. Aber das stimmt gar nicht. Du entscheidest selbst, wo die Stromschnellen sind und wo das Ufer, an dem du ein Picknick machst, um zu feiern, was du erreicht hast – oder einfach nur, dass du da bist.

Liebesgeheimnis 8
auf einen Blick

♥ Wer Visionen hat, muss nicht zum Arzt

Den Satz »Wer Visionen hat, soll zum Arzt gehen« hat der ehemalige deutsche Kanzler Helmut Schmidt geprägt. Aber ich bin der festen Überzeugung, das Gegenteil ist richtig. Wer KEINE Visionen hat, muss zum Arzt, weil er irgendwann krank wird an der Seele. Wir brauchen Ziele, wir brauchen Träume, wir brauchen Visionen. Das ist für uns als Einzelpersonen wichtig, aber es ist auch hilfreich, sein Leben als Paar unter ein Motto zu stellen. Seid ihr diejenigen, zu denen man immer kommen kann, weil ihr gute Gastgeber seid? Seid ihr diejenigen, die immer weit reisen? Seid ihr die, die großzügig sind? Überlegt mal, was zu euch passt und in welcher Vision ihr euch beide wiederfindet. Eine große Idee und ein Motto für sein Leben zu haben hat auch den Vorteil, dass man Entscheidungen leichter treffen kann, weil man sich an Werten orientiert, die nicht so leicht veränderbar sind.

♥ Das Leben vom Ende her denken

Was soll auf deinem Grabstein stehen?, das ist hier die Frage. Soll da stehen, dass du jeden Augenblick genutzt hast, um zu deinem Vorteil zu kommen? Oder soll da stehen, dass du dich in andere investiert und ihnen geholfen hast, das Beste aus sich rauszuholen? Du entscheidest, wie sich die Menschen an dich erinnern sollen.

♥ Glücksmomente im Alltag suchen und Chancen erkennen

Bei aller langfristigen Planung ist es neben der Vision wichtig, auch kurzfristig Chancen zu erkennen, die sich im Alltag bieten. Meine Frau, meine Kinder und ich setzen uns deshalb jeden Abend zusammen, und jeder sagt drei Dinge, die an dem Tag toll waren. Manchmal ist es eine Herausforderung, und oft muss man dem Glück auch ein bisschen auf die Sprünge helfen, aber wenn man nach dem Glück sucht, findet man es auch.

Übungen

Eine große Idee für das Leben

Oft doktern wir an kleinen Problemen rum, weil wir keine Idee für das große Ganze haben. Überlegt zusammen, wer ihr sein wollt und was eure Werte sind. Wer weiß, dass er ein Leben in Großzügigkeit führen will, braucht nicht lange zu überlegen, wenn er nach einem Zuschuss für die Klassenkasse oder ein Geschenk für einen Kollegen gefragt wird. Wer weiß, dass er sein Leben auf Reisen verbringen will, kauft sich vielleicht ein Wohnmobil oder er zieht in eine kleine günstige Wohnung, um möglichst viel unterwegs sein zu können.

Nutz kleine Chancen, um andere glücklich zu machen

Ich habe es mir zur Aufgabe gemacht, vorbereitet durchs Leben zu gehen, damit der Alltag bunt werden kann, wenn die Situation es verlangt. Für einen anderen Menschen ein Tramticket zu übernehmen, weil dessen Münzen ständig durchfallen, einem Kind ein paar Cent zu geben, weil es beim Bäcker zu wenig Geld dabeihat und sonst verzweifelt wäre, ist ein Geschenk. Man macht nicht nur den anderen, sondern auch sich selbst damit glücklich.

Spiel den Soundtrack deines Lebens

Der Alltag ist manchmal trist, aber trotzdem: Wenn du deinen Blick schärfst, wirst du selbst noch ein bisschen lebendiger. Stell dir Situationen, die du erlebst, auf der Leinwand vor. Sind sie nicht komisch? Sind sie nicht dramatisch? Zur Verfeinerung legst du am besten gedanklich noch ein bisschen Musik drunter, dann wird das Leben gleich ein bisschen bunter.

Liebesgeheimnis 9

Überlege, was dir deine Liebe wert ist

Als Tobi wegen eines Jobs aus der Provinz in eine neue Stadt zieht und seine Frau und seine Kinder in der alten Heimat für eine gewisse Zeit zurücklässt, ist er von den vielen neuen Dingen, die ihn nun umgeben, überwältigt. Das Vertraute daheim kommt ihm angestaubt und altbacken vor. Hinzu kommt, dass eine neue Kollegin ihm Avancen macht. Er träumt davon, wie es wäre, sein Leben zumindest zum Teil noch einmal von vorn zu beginnen, eine Affäre zu starten, die ihm neue Lebenslust geben könnte. Die Sehnsucht nach einer Veränderung ist groß. Tobias überlegt analytisch: Was passiert, wenn ich meine Frau verlasse? Was habe ich davon? Ich bekomme: Abenteuer. Etwas Neues. Das steht auf der »Haben«-Seite. Und auf der anderen? Was lege ich dafür auf den Pokertisch? Der Einsatz sind: neun Jahre Ehe und zwei Kinder. Die wären bei einer Trennung zwar nicht zwangsläufig vollständig weg, aber das bisherige Leben läge als Einsatz auf dem Tisch. Gedanklich liegen drei Stapel Jetons vor ihm, zwei stellvertretend für seine Kinder und einer für seine Frau. Und er stellt sich vor, wie er »All in« geht und sein ganzes geliebtes »Kapital« in die Mitte schiebt. Als er den riesigen Haufen Lebensleistung und -glück vor seinem geistigen Auge ausgebreitet sieht, wird ihm klar: »Der Einsatz ist zu hoch für einen Kurztrip hinaus aus meiner Ehe. Viel zu hoch.«

Tobias' Sehnsucht ist in Beziehungen, die von langer Dauer sind, nicht ungewöhnlich. Als Außenstehende neigen wir zwar dazu, Tobi und seinen »Traum von einer Affäre« zu verurteilen, aber damit sollten wir nicht zu vorschnell sein. In jeder Beziehung gibt es immer wieder mal Schwächephasen, in denen der eine oder der andere Partner gedanklich ausbricht aus dem Gewohnten.

Tobias' Wunsch nach Veränderung ist eine längere Phase des Auseinanderlebens mit seiner Frau vorausgegangen. Das war ihm aber nicht wirklich klar, es war ein schleichender Prozess, in dem sich die beiden Partner immer mehr um ihre eigenen Dinge und die der Kinder gekümmert haben. Als Paar haben sich Tobi und seine Frau aus den Augen verloren. Es war so wie bei einem Haarschnitt, der rauswächst: Eine Zeit lang sieht alles so aus wie immer, und plötzlich erscheinen die Haare zu lang – eine Veränderung ist eingetreten, und man muss etwas investieren, um sie wieder an den alten Zustand anzupassen. Das geht bei Frisuren natürlich um ein Vielfaches einfacher als bei Beziehungen ...

Während ihres Zusammenseins hatten sich Tobias und seine Frau niemals die Fragen gestellt, deren Antworten Indikatoren für eine gut oder nicht so gut laufende Beziehung sind. Sie gelten immer für die letzten sechs Monate, und man sollte sie sich alle vier Wochen mal stellen: Wann habt ihr das letzte Mal miteinander geschlafen? Wann zusammen gelacht? Und wann wart ihr zuletzt gemeinsam aus und habt euch nur über Themen unterhalten, die etwas mit euch und eurer Entwicklung (keinen Alltagskram!) zu tun hatten?

Das Problem der schleichenden Entfremdung gibt es überall. Ich bin da keine Ausnahme. Wir waren vor einigen Jahren in einem Kurzurlaub, als meine Frau mir in einer solchen Phase folgende Frage stellte: »Würdest du dich eher für deinen Job entscheiden oder für unsere Beziehung?«

Ich antwortete damals: »Ich denke, der Job ist meine tiefere Leidenschaft. Ich würde mich wohl für meinen Beruf entscheiden, wenn ich es müsste. Menschen kommen und gehen – aber eine Leidenschaft bleibt in der Regel für immer. Deswegen folge ich der Sache, nicht der Beziehung.«

Woraufhin meine Frau unmissverständlich wurde: »Dann ist es wohl besser, wenn wir den Urlaub jetzt beenden und jeder für sich allein weitermacht.«

In der Zeit danach waren wir tatsächlich schon relativ weit fortgeschritten in dem Prozess, uns zu trennen, als wir uns mit unseren Ehecoaches trafen, die uns von Anfang an in unserer Beziehung begleitet haben. Speziell in Deutschland ist das Feld »Ehecoaching« noch weitestgehend unentdeckt. Viele glauben noch immer, Ehe und Beziehung, das müsse man ohne Hilfe von außen hinbekommen. Wer einen Coach braucht, der schafft es allein nicht – so denken viele. Dabei ist es doch so, wie das Sprichwort sagt: »Dem Narren gefällt seine Weise wohl; aber wer auf Rat hört, der ist weise.«

Wenn man sich Coaching im Sport anguckt, wird die Sache sofort klar: Dort hat nur einen Trainer, wer große Ziele hat. Einen Coach engagierst du, um das, was du sowieso schon kannst, noch besser zu machen. Auch im Business: *Die Höhle der Löwen* ist weltweit ein super erfolgreiches Fernsehformat. Dorthin gehen Start-ups mit coolen Erfindungen, die schon viel Pionierarbeit in ihrem Bereich geleistet haben, aber noch am Anfang einer großen Karriere stehen. Um weiterzukommen, gehen sie zu einem »Löwen«, einem Coach, der in ihrem Genre erfahren ist und sie auf die nächste Stufe bringen soll. Dieses Bild kannst du gut auch auf die Ehe übertragen. Ist es nicht sinnvoll, jemanden zu fragen, wenn du auf der Stelle trittst und die Gefahr besteht, dass alles den Bach runtergeht? Sonst heißt dein Berater nämlich bald nicht mehr Coach, sondern Scheidungsanwalt.

Den konnten wir mit unseren Beratern damals noch umgehen – aus zwei Gründen. Erstens sagten sie unmissverständlich: »Wir wollen euch keine Illusionen machen, ihr habt euch ein Versprechen gegeben, und die Frage ist: Wie wertvoll ist ein Versprechen, das ihr (jeder für sich) gebt? Bist du jemand, der seine Zusagen beim ersten Gegenwind bricht und die Segel streicht, weißt du auch, was dein Versprechen für einen Wert hat – nämlich gar keinen. Wenn deine Versprechen auch mal einen Sturm aushalten, muss es eine andere Lösung als Trennung geben. Zumal auch noch Kinder mit im Spiel sind.«

Unsere Ehecoaches erinnerten uns daran, was wir uns versprochen hatten: Wir wollen zusammen sein – in guten wie in schlechten Zeiten. Wir befanden uns damals in einer schlechten Phase, was nicht nur etwas mit unserer Ehe, sondern auch mit beruflichem Stress zu tun hatte, unter dem wir beide standen. Uns wurde geraten zueinanderzustehen, auch wenn wir uns gerade nicht jeden Wunsch von den Lippen ablasen. Auch wenn das Gefühl vielleicht nicht unbedingt 100-prozentig stimmte.

Der zweite Grund, warum unsere Ehe noch mal frischen Wind bekam, war neben der Beratung ein umfänglicher Partnerschaftstest, der viele Bereiche unseres Lebens abfragte. Das war für uns der Schlüssel. Ein Arzt

stellt ja die Diagnose auch erst, wenn er alles durchge-
checkt hat. Durch dieses diagnostische Tool kamen wir
über alle Themen, die eine Beziehung ausmachen, noch
mal ins Gespräch. Und wir stellten fest: Unsere Ziele waren nicht dieselben. Wir hatten uns verändert. Dass das
nicht immer synchron passieren kann, ist leider oft der
Fall. So war es auch bei uns: Ich nahm mir damals kaum
Zeit für die Familie, denn mein Ziel war: finanzielle Unabhängigkeit. Dafür arbeitete ich praktisch rund um die
Uhr. Ich hatte Angst, nicht genug Geld zu verdienen, weil
ich als Kind viele Entbehrungen hatte aushalten müssen.
Ich übersah aber, dass ich wegen der vielen Arbeit meine
Familie aufs Spiel setzte und meiner Frau, deren Ziel eine
gute Beziehung war, nicht gerecht wurde.

In unserer Krise hatten Maja, die ja auch gläubig ist,
und ich sinngemäß folgenden Dialog:

Sie: »Glaubst du, Gott sitzt da oben und sagt: ›Wenn du
     was auf die Kette kriegen willst, musst du zwölf
     Stunden am Tag arbeiten‹? Hast du so ein Gottes-
     bild?«
Ich: »Nein.«
Sie: »Warum bist du denn strenger mit dir selbst als
     Gott?«
Ich: »…«
Sie: »Wohin führt dich dein Verhalten? Führt dich das nä-
     her an Frieden und an die Freude?«

Ich: »Nein.«

Sie: »Macht es dein Leben ausgeglichener?«

Ich: »Nein.«

Sie: »Führt es zum Wohl?«

Ich: »Nein.«

Sie: »Führt es zu Stress?«

Ich: »…«

Sie: »Und ist Stress von Gott?«

Ich: »Nope.«

Sie: »Kann es sein, dass der Weg falsch ist?«

Egal, ob du an Gott glaubst oder nicht: Stress killt Kreativität, die Libido und die Freude. Das musste ich aber auch erst lernen. Damals hatte ich mir, statt mir Gedanken um ein gemeinsames Abendessen zu machen, eher etwas für den nächsten Karriereschritt überlegt. Nach unserer Unterhaltung gingen meine Frau und ich wieder offener aufeinander zu. Wir wollten beide mehr Zeit miteinander verbringen, aber dafür musste ich meinen Fokus ändern – weg von der Arbeit, hin zur Beziehung. Natürlich wäre es in vielen Momenten für jeden von uns leichter gewesen zu gehen. Aber durchzuhalten und zu unserem Versprechen zu stehen, hat uns weitergebracht. Ich denke gern an ein afrikanisches Sprichwort, das sagt: »Wenn du schnell sein willst, geh allein, wenn du weit kommen willst, geh zusammen.«

Liebe ist eine Entscheidung

Ich bin der festen Überzeugung, dass Liebe in erster Linie eine Entscheidung ist und erst in zweiter Linie ein Gefühl. Wir sehen ja manchmal beim Spazierengehen ein altes Ehepaar, das zwar gebeugt, aber immer noch Hand in Hand geht, und wir denken: »Das ist schön, hier direkt vor uns geht die ewige Liebe spazieren«, und jeden von uns überfällt eine Sehnsucht. Die, die schon ein paar Jahre mit ihrem Lieblingsmenschen zusammen sind, hoffen: »Wird es bei uns auch so sein?« Und bei denjenigen, die sich schon mal getrennt haben, löst der Anblick des Paars vielleicht aus: »Schade, warum ist es bei mir nicht so gelaufen?«

Es ist wunderbar für uns Menschen, Paare zu sehen, die augenscheinlich lange zusammen sind. Denn die ewige Zweisamkeit ist immer noch unser Idealbild von Liebe. Aber wer glaubt, dass dies das Ergebnis eines Gefühls ist, das immer da war und für immer bleibt, ist leider ein naiver Romantiker, der zu viele Hollywoodfilme gesehen hat – die ja immer dann aufhören, wenn das Leben beginnt. Wenn sich zwei gefunden haben, ist das schön. Aber was nach dem Verliebtsein kommt, ist eine Entscheidung, nach der man handeln und sich verhalten muss. Das Hand-in-Hand-Laufen eines Seniorenpaars ist das Resultat einer Entscheidung, die der Mann und die Frau nie revidiert haben. Weil sie sich in der Vergangenheit ein Versprechen gaben. Dadurch haben sie einen Wert geschaffen.

Beziehung bedeutet nämlich, Verantwortung für sich und für andere zu übernehmen. Leider verstehen das viele Menschen nicht. Sie denken, sie könnten Beziehungsentscheidungen ständig infrage stellen und hätten auch das Recht dazu. Rechtfertigt das Gefühl der Liebe nicht alles?

Marlies und Inga lernen sich in der Schule ihrer Kinder kennen und mögen sich von Beginn an. Auf einer Party gesteht die eine der anderen, dass sie sich in sie verliebt habe und mehr für sie empfinde als nur Freundschaft. Die Liebe stößt auf Gegenliebe, und beide Frauen verlassen ihre Männer, fortan wollen sie als Paar zusammenleben. Die ehemaligen Männer des Neu-Paars verlieren beide ihr Zuhause und das Zusammenleben mit ihren Kindern. Und auch die müssen sich mit der neuen Situation zurechtfinden. Keine leichte Aufgabe.

Die beiden Frauen aus dem Beispiel hatten ihren Partnern ein Versprechen gegeben. Nun geben sie ihrem neuen Partner ein Versprechen. Die Frage ist, wie wertvoll ist dieses Versprechen? Wie sehr kann man sich auf sie verlassen? Was macht sie so sicher, dieses neue Versprechen halten zu können? Meine Meinung ist da sehr eindeutig: Wer sich wegen ein paar Hormoncocktails entschließt, immer wieder sein Beziehungsleben über den Haufen zu werfen und darauf zu hoffen, dass es beim nächsten Mal das letzte Mal sein wird, ist kein Optimist, sondern ein Fantast. Und Fantasten gehören nicht in verantwortungsvolle Beziehungen mit Menschen, sondern in das Reich der Fabelwesen und Illusionen.

Natürlich kann man sagen, die Ehen der beiden Frauen waren am Ende, bevor sie zueinanderfanden. Dass sie sich verliebt haben, sei nur eine Konsequenz aus zwei schlecht laufenden Beziehungen. Das erkenne ich an – aber was war davor? Wie viel Wert haben sie sich und ihren alten Beziehungen beigemessen? Diese Frage muss man sich schon gefallen lassen, wenn es »nicht mehr passt« und man getrennte Wege geht, obwohl man Verantwortung trägt – nicht nur für sich, sondern auch für andere Menschen.

In anderen Bereichen des Lebens entscheiden wir uns nicht so leicht um aufgrund eines Gefühls: Du hast zum Beispiel die Entscheidung getroffen, ein Autor zu sein und zu schreiben. Dann hast du mal einen schlechten Tag – und nun? Hältst du hoffentlich an dieser Entscheidung fest! Oder du sagst: »Ich möchte malen! Künstler sein. Mich ausdrücken.« Und nun kommen ein paar Unken, und die sagen: »Es ist aber sehr schwer, in den Kunstmarkt reinzukommen. Und bist du überhaupt gut genug?« Lässt du den Pinsel fallen, verkaufst die Staffelei und gibst deine Leidenschaft auf?! Nein, oder?

Die (negative) Kraft kurzfristiger Entscheidungen

Unsere Gefühle und Stimmungen oder die Meinungen anderer verleiten uns immer wieder dazu, kurzfristige Entscheidungen zu treffen. Bei mir in der Kirche etwa werde ich oft gefragt: »Können wir in dem Fall nicht mal eine Ausnahme machen? Man muss doch den Einzelfall sehen.« Ich sage dann immer: »Man muss genau nicht den Einzelfall sehen. Denn wenn ich den Einzelfall hochskaliere zu einem Zweifach- und Dreifach- und Hundertfachfall, sehe ich: Bringt mich meine Entscheidung meinem langfristigen Ziel (etwa eine dauerhaft glückliche Beziehung zu führen) näher oder nicht?«

Manchmal muss man nicht mal »Nein« zu etwas sagen und verhält sich langfristig doch nicht klug. Zum Beispiel wenn man etwas durchgehen lässt, anstatt sich zu äußern. Lebenskultur schafft man immer: durch aktives Tun, aber auch durch passives Nichtstun.

Barbara nervt es, dass ihr neuer Freund oft zu spät kommt. Sie lässt es aber durchgehen und sagt nicht so etwas wie: »Dieses eine Mal finde ich die Verspätung nicht so schlimm, aber grundsätzlich nervt es mich, weil ich mich dann nicht wertgeschätzt fühle. Ich weiß, dass du viel zu tun hast, aber für mich ist es wichtig.« Durch das stillschweigende Akzeptieren staut sich in ihr aber Ärger auf. Als ihr Freund dann zum x-ten Mal nicht rechtzeitig kommt, platzt es aus ihr heraus. Sie brüllt ihn an, und er versteht nicht, warum sie wegen »einmal unpünktlich sein« gleich so überreagiert.

Mit kurzfristigen Entscheidungen (»Einmal zu spät kommen ist ja nicht so schlimm, ich spreche es nicht an, um nicht zu streiten«) ist es also möglich, langfristig seine Beziehung zu vergiften. Hätte Barbara beim ersten oder zweiten Mal geäußert, was ihr wichtig ist, hätte sich die Wut in ihr nicht so anstauen können. Dinge langfristig laufen zu lassen beziehungsweise nicht anzusprechen führt deshalb oft erst zu einer innerlichen Trennung, die in der Folge dann irgendwann zu einer auch nach außen sichtbaren Trennung führen kann. So funktionieren wir Menschen: Erst formt sich innerlich lange und in vielen kleinen Schritten eine Meinung oder Sichtweise über den Partner – dann kehrt sie sich nach außen. Das Phänomen kennst du sicher aus deinem Freundeskreis: »X und Y haben sich getrennt.« – »Was?! – Die waren doch so glücklich!« Offenbar nicht. Man hat ihr Unglück nach außen nur nicht gesehen.

Das Potenzial einer Trennung ist die nicht sichtbare Spitze des Eisbergs, es liegt zu 90 Prozent unter der Oberfläche. Deswegen ist es so wichtig, sich dem nicht äußerlich Erkennbaren zu widmen. In Beziehungen liegt hier wohl das größte Änderungspotenzial.

Die beste Version deiner selbst

Lutz begrüßt Meike, wenn er abends um 19 Uhr von der Arbeit nach Hause kommt, mit einem Küsschen. Dann setzt er sich vor den Fernseher – runterkommen vom Job als Programmierer in einer IT-Firma. Er lässt sich berieseln, auch die Kinder bringt er nicht ins Bett. Gegen 22 Uhr macht er sich dann bettfertig, weil er früh rausmuss. Morgens geht er schnell ins Bad, dann verlässt er das Haus für den Rest des Tages.

Die Frage ist: Mit wie viel Herzblut sind wir bei der Sache, wenn es um unsere Beziehungen geht? Das ist entscheidend für die Frage, was uns unsere Beziehungen wert sind. Richtig wäre es theoretisch, wenn sich Lutz nach der Ankunft zu Hause erst mal unter die Dusche stellen würde, damit er frisch ist für die, die er liebt – und dann mit anpacken würde im Haushalt. Aber so wie Lutz verhalten sich Tausende Männer und Frauen auf der ganzen Welt. Ich habe das im dritten Liebesgeheimnis »Lerne die Liebessprache deines Partners« schon beschrieben: Wir reduzieren unser Investment, wenn wir unseren Partner sicher haben. Viele Menschen regeln ihr Handeln aber so weit runter, dass man es kaum noch Handeln nennen mag. Das ist in etwa so, als würde man sein Auto niemals, aber auch wirklich niemals zur Inspektion bringen und auch nie den Ölstand kontrollieren. Dann geht auf

der Autobahn irgendwann die Motorkontroll- oder die Öl-
leuchte an – und es ist Feierabend. Herzstillstand der Beziehung.

So ist es leider auch bei Lutz. Irgendwann steht Meike
abends vor ihm und sagt, dass sie sich in einen anderen
Mann verliebt habe. Über Jahre wurde ihr keine Wert-
schätzung entgegengebracht. Stillschweigend hat sie
sich von Lutz entfernt. Und sich schließlich getrennt.

Unsere Liebsten kriegen oft die schlechteste Zeit von uns.
Sie bekommen uns, wenn wir genervt sind. Sie bekommen
uns, wenn wir morgens zerknittert von der Nacht und mit
Zahnbürste im Mund in die Küche stapfen, um uns einen
Kaffee zu machen. Dann stylen wir uns und ziehen uns
gute Klamotten an, und wenn alles fertig ist, was machen
wir dann? Verlassen das Haus und gehen zur Arbeit. Wenn
dann abends nach zehn Stunden das Deo aufgebraucht
und alles nicht mehr ganz so frisch ist, kommen wir zurück – und lümmeln uns auf die Couch. Unsere Liebsten
sehen uns also meistens, wenn wir uns gehen lassen und
mit hängendem Bauch vor dem Fernseher sitzen. Oder
schlecht drauf sind: Den Frust, der eigentlich für die Kollegen bestimmt sein sollte, kriegen sie ab.

Die beste Version von uns bekommen an fünf oder
sechs Tagen also diejenigen, mit denen wir keine langfristige Beziehung führen. Dieses Prinzip kann nicht gut

gehen. Meine Frage an dich lautet deshalb: Wem möchtest du die beste Version deiner selbst geben?

Wenn die Antwort ist: meinem Partner und meinen Kindern, dann wäre es vielleicht gut, nach der Arbeit zehn Minuten zu investieren, um sich noch mal frisch zu machen und sich dann seinen Liebsten zuzuwenden. Das ist nicht viel, bringt ihnen aber eine riesige Wertschätzung entgegen. Wer sich ernsthaft fragt: Was ist dir die Liebe zu deinem Partner wert, wird sich auch danach verhalten. Der redet nicht nur darüber, seinen Mann oder seine Frau beim nächsten Restaurantbesuch einzuladen, sondern tut es auch. Der spricht nicht nur über die Liebessprachen (siehe Liebesgeheimnis 3), sondern wendet sie auch an.

Die Liebessprache meiner Frau ist ja wie schon beschrieben »gemeinsam verbrachte Zeit«. Wenn ich mich danach verhalte, bringe ich ihr Wertschätzung entgegen. Jeden Montag haben wir deshalb Pärchenzeit, da gehen wir zusammen Badminton spielen und danach noch in die Sauna und etwas essen. Das sind insgesamt vielleicht fünf Stunden, aber es fühlt sich an wie ein Paarwochenende. Danach gehen wir immer anders in die Woche. Und sind in Alltagssituationen auch einfach nett miteinander.

In unseren Kalender eingetaktet wird das übrigens alles schon zwei Wochen vorher, wir planen Badminton genauso ein wie einen Businesstermin. Dadurch bekommt unsere Zweisamkeit den gleichen, wenn nicht sogar einen höheren, Stellenwert wie ein beruflicher Termin.

Der Reiz des Neuen

Marcel geht mittwochs nach dem Handballtraining gern noch mit seinen »Jungs« zu ihrem Stammitaliener: auf zwei Bier und eine Pizza. Vor ein paar Wochen ist ihm die neue Kellnerin aufgefallen: jung, dunkle Haare, rassige Erscheinung, nettes Lächeln. Eines Abends schreibt sie ihm ihre Nummer auf einen Bierdeckel. Und plötzlich befindet sich Marcel in einem Spannungsfeld. Was vorher nur eine kleine Schwärmerei war, wird nun zu der Möglichkeit, dieser Frau näherzukommen. Marcel ist aber liiert.

Das Lächeln oder die Annährung einer Unbekannten ist für viele Männer eine Versuchung, Marcels Geschichte gibt es so tausendfach in Deutschland. Immer wieder werden Männer und Frauen mit dem Reiz des Neuen konfrontiert und somit auch mit der Frage nach dem Wert dessen, was man hat.

Auch ich wurde neulich in der Tram mal vorsichtig angelächelt. Ich lächelte berlinerisch zurück – also kaum zu erahnen –, und danach überlegte ich: Der Reiz des Neuen, das ist doch eine Farce. Denn hinter jedem Menschen, der noch so interessant erscheint, stecken doch wieder die gleichen Herausforderungen, überall sind am Ende doch die gleichen »Problemzonen«.

Wir müssen uns von der Illusion befreien, dass neue Menschen wirklich so toll sind, wie wir sie im ersten Moment sehen. Die umwerfende Frau mit dem tollen Po, der Typ mit den breiten Schultern: Sie haben morgens genauso Mundgeruch wie jeder andere auch und müssen sich erst mal die Zähne putzen. Sie haben genauso schwierige Beziehungen hinter sich, leben auch mit oder in seltsamen Familienverhältnissen und haben persönliche Herausforderungen zu bestehen. Menschen sind psychologisch betrachtet ja alle irgendwie gleich. Das klingt erst mal verrückt, weil jeder von sich sagen würde, er sei individuell. Das stimmt auch, aber wenn man einen großen Schnitt durch die Gesellschaft zieht, beschäftigen viele Menschen doch ähnliche Themen und sie sind ähnlich herausgefordert.

Masken aufzulösen und hinter die Fassaden zu gucken schützt uns davor, nur ein Bild von jemandem zu sehen und nicht den Menschen, der er ist. Es hilft deshalb, realistisch mit dem Reiz des Neuen umzugehen. Denn oft vergeht er so schnell wie die Lust eines Kindes auf ein Spielzeug, das es sich wochenlang zu Weihnachten gewünscht hat.

Der Wert der Vertrautheit

Dem Reiz des Neuen stelle ich gern die Vertrautheit gegenüber. Ich zum Beispiel hätte überhaupt keine Lust, nach 15 Jahren Ehe mit einer anderen Frau anzubändeln. Alles, was wir uns an Vertrautheit und Intimität aufgebaut haben, über Bord zu werfen, für – ich bin jetzt mal pragmatisch – eine ungewisse Zukunft? Auf keinen Fall! Ich kann mich mit meiner Frau per Blickkontakt unterhalten. Ein Augenaufschlag, und ich weiß, was sie meint. Wie es ihr geht. Ob sie gerade etwas bewegt. Ich liebe meine Frau. Von ihr weiß ich, wie sie ihren Kaffee trinkt (entkoffeiniert, mit viel Milch und ohne Zucker) und welche Süßigkeiten sie am liebsten mag (weiße Choco Crossies und selbst gemachtes Nutella aus Mandelmus, Butter und echtem Kakao, das dann dick auf ein getoastetes Rosinenbrot aufgetragen wird). Ich freue mich auf ihr Lächeln, wenn ich von einer Reise nach Hause komme, auf ihre Umarmung und darauf, wie sie erzählt, was in meiner Abwesenheit alles in unserer Familie so los war.

Die Wahrscheinlichkeit, mit einem Partner für eine sehr lange Zeit zusammen zu sein, ist heute nicht mehr sehr groß. Es erfordert von beiden Seiten starkes Engagement. Die Mehrheit der Menschen führt keine langfristigen Beziehungen mehr. Dabei sind wir in ihnen am besten aufgehoben.

Marco und Katrin führen seit einem Jahr eine On-off-Beziehung. Mal will sie mit ihm zusammen sein, dann will sie wieder ihre Freiheit und eher etwas Unverbindliches. Marco kommt damit nicht zurecht. Er muss zum Teil Termine mit Kunden absagen, weil er solchen Kummer hat. Richtig loslassen kann er über einen langen Zeitraum aber auch nicht.

Die Sache ist die: Nur wer in einer erfüllten Partnerschaft lebt, kann auch in anderen Bereichen außerhalb der Beziehung aufblühen, was wiederum unseren Selbstwert steigert. Menschen, die lange in erfüllten Beziehungen leben, sind in allen Bereichen erfolgreicher. Die Beziehung gibt ihnen die Sicherheit, sich auszuprobieren, weil sie nicht ständig damit beschäftigt sind, diesen einen Bereich auszufüllen. Menschen, die immer einen Partner suchen oder in unglücklichen Beziehungen verharren, lenken ihre Aufmerksamkeit ausschließlich darauf, wie Marco in dem Beispiel. Zeit für anderes hat er nicht, seine On-off-Beziehung hält ihn in Atem, was irgendwann auch seine Kunden zu spüren bekommen und er auch noch finanzielle Einbußen in Kauf nehmen muss.

Ihm hilft es weiter, sich bewusst zu machen, dass ein Leben im Stand-by-Modus immer Energie zieht, ohne echte Leistung zu bringen. So schafft er es, den Schalter umzulegen und einen endgültigen Schlussstrich unter die Beziehung zu setzen. Um frei zu sein für eine wirklich erfüllende Partnerschaft, die er dann auch findet.

Den Wert der Beziehung für sich selbst bestimmen

Dennoch kann der Reiz des Neuen höher sein als das, was man zu haben glaubt. Als das Alte. Warum kaufen sich Menschen neue Autos, neue Klamotten? Warum sprechen wir von einem Tapetenwechsel, von Neuanfängen? Weil wir Neues lieben.

Der Wert des Alten wird oft nicht geschätzt. Als Gegenbeispiel fällt mir nur ein alter Mietvertrag ein. Aber warum hat der seinen Wert? Weil du ihn nicht mehr bekommst. Für Antiquitäten gilt dasselbe. Die Frage ist, ob Beziehungen zu den Dingen gehören, die ihren Wert über die Zeit bekommen? Ich sage ganz klar Ja. Denn die Verbindung, die wir mit unserem Partner eingegangen sind, ist einzigartig. Und wir werden sie so nicht wiederbekommen. Sie ist es wert, geschätzt zu werden.

Phil hat seine Freundin Tamara für seine neue Flamme Carla verlassen. Er schläft unglaublich gern mit Carla. Eine Sexbombe. So sexuell erfüllt war er noch nie. Aber Carla ist nicht warmherzig, und immer wenn sie nicht miteinander schlafen (was ja die meiste Zeit der Fall ist), ist sie auch nicht freundlich zu Phil. Und Phil? Der sehnt sich immer öfter nach Tamara zurück, die umwerfend nett ist und immer ein offenes Ohr für ihn hatte.

Was uns diese Geschichte sagt? Man kann nicht alles haben. Die Neubauwohnung mit dem alten Mietvertrag zu kombinieren ist nicht möglich. Phil hat sich in seiner Zeit mit Tamara nie gefragt, was er an ihr hat. Das ist aber das Entscheidende, wenn es darum geht, den Wert seiner Beziehung zu bestimmen. Das kann man nur für sich.

Eine Geschichte aus der Bibel illustriert das ganz schön.

Da kommen morgens Leute zu einem Gutsherrn, und er fragt sie, ob sie den ganzen Tag für ihn arbeiten würden für zehn Taler. Sie stimmen zu. Mittags kommen weitere Arbeiter, die einen halben Tag anpacken sollen – für ebenfalls zehn Taler. Und kurz vor Feierabend, als noch zwei Stunden etwas zu tun ist, heuert der Gutsherr noch mal Leute an – auch für zehn Taler. Das bemerken diejenigen, die schon seit dem Morgen da sind – und mosern. Da sagt der Gutsherr: Warum regt ihr euch auf? Unsere Verabredung ist doch nicht weniger wert, weil andere einen vermeintlich besseren Deal gemacht haben.

Die Erkenntnis der Story kann man gut aufs Leben übertragen. Denn deine Beziehung und ihren Wert kannst du durch keinen Vergleich ermitteln. Grundsätzlich wirst du sogar dadurch verlieren. Denn Vergleichen macht immer unzufrieden, weil Menschen die Neigung haben, sich »nach oben« zu vergleichen: Der Mann hat eine schönere Frau, die Frau hat einen reicheren Mann und so weiter. Den Wert deiner Beziehung kannst einzig und allein du selbst festlegen. Was habe ich an meinem Partner? Bin ich zufrieden? Glücklich? Es ist nicht die Frage, ob irgendwo auf der Welt jemand im Bett etwas anderes anstellt oder ob irgendwo mehr Spaß als zu Hause zu bekommen ist. Die Frage ist: Bist du zufrieden mit dem, was da ist?

Das Vergleichen zu unterlassen ist aber eine riesige Herausforderung, das weiß ich. Wir leben in einer Welt, in der es alltäglich ist, sich mit anderen zu »messen«. Jedes Mal, wenn wir uns auf Facebook oder Instagram einloggen, tun wir es. Wir sehen das schöne Leben der anderen und unser eigenes, das im Vergleich dazu ganz schön klein wirkt. Oder Vergleichsportale: Ständig vergleichen wir Preise, Versicherungen, Angebote. Die Frage, die ständig über uns schwebt, ist: Können wir nicht, wenn wir uns klug genug anstellen, irgendwo was günstiger bekommen? Das gilt manchmal auch für Menschen. Wenn du in deiner Beziehung gerade Stress hast und nachts in eine Weinbar gehst, triffst du vielleicht jemanden, der oder die es dir einfach macht. Und du vergleichst mit zu Hause. Dann ist es gut, vorher den Wert deiner Beziehung abgesteckt zu haben. Damit du nicht versehentlich zugreifst. Und einen großen Fehler begehst.

Das Beziehungsleben ist nicht leicht in einer Zeit, in der wir dem Black Friday entgegenfiebern oder im Sale auf Schnäppchen lauern. Das hat doch mit Partnerschaften nichts zu tun? Ich glaube schon: Wir denken zwar, dass wir das trennen können – und das tun wir teilweise auch. Aber komplett ausblenden können wir es nicht. Weil alles wirkt, was wir an Erkenntnissen aufnehmen. Unsere ganze Kultur ist auf Konsum, auf Neues, ausgelegt. Unsere Autoindustrie etwa will keine Nachrüstlösung für alte Diesel, um diese sauberer zu machen. Sie will lieber neue Autos verkaufen, und die Politik unterstützt sie auch noch mit Prämien dabei. Eine Lüge, die du 1000-mal hörst, glaubst du einfach mehr als eine Wahrheit, die du zehnmal gesagt bekommst.

Liebesgeheimnis 9
auf einen Blick

In einer Welt, in der wir ständig »verführt« werden, Neues zu kaufen, und uns suggeriert wird, wir könnten uns alle paar Minuten verlieben, sind wir unterbewusst ständig aufgefordert zu überprüfen, was (uns) unsere Partnerschaft wert ist.

♥ Liebe ist eine Entscheidung
Viele Menschen glauben, wir könnten Partnerschaftsentscheidungen ständig auflösen. Eine Scheidungsrate von rund 40 Prozent spricht dafür. Ich sage aber: Das ist nicht so. Liebe ist in erster Linie eine Entscheidung, kein Gefühl. Wenn wir Paare sehen, die auch noch im hohen Alter Hand in Hand laufen, ist es mit Sicherheit so, dass nicht ihr Gefühl immer 100-prozentig da war (das Gefühl kann im Laufe eines Lebens ja auch mal schwanken), sondern es ist ein Beleg dafür, dass sie sich füreinander entschieden und immer zu ihrer Entscheidung gestanden haben.

♥ Die (negative) Kraft kurzfristiger Entscheidungen
Kurzfristige negative Entscheidungen können die Kraft haben, der Beziehung langfristig ihren Wert zu

entziehen. Welche Kraft kurzfristige Entscheidungen haben können (zum Beispiel Dinge nicht anzusprechen) sehen wir, wenn wir die Einzelentscheidung hochskalieren, uns also bewusst machen, was passieren würde, wenn wir die Entscheidung zwei-, drei- oder zehnmal treffen. Einmal nichts sagen, wenn man sich über Zuspätkommen ärgert? Ist vielleicht okay. Aber zehnmal schweigen? Dann staut sich Wut an, die zu einem Ausbruch führen kann.

♥ Die beste Version deiner selbst

Wertschätzung dem anderen gegenüber auszudrücken bedeutet auch, die beste Version von sich zu sein. Ein Problem ist nämlich, dass unsere beste Version oft nicht unsere Partner bekommen, sondern zum Beispiel die Kollegen. Frisch geduscht verlassen wir das Haus, kommen wieder, wenn das Deo aufgebraucht ist, und legen uns sofort auf die Couch. Wir müssen überlegen: Wer soll die beste Version von uns bekommen? Die Liebsten oder die Kollegen?

♥ Der Reiz des Neuen

Wir sind ständig dem Reiz des Neuen ausgesetzt. Black Friday, Sale, Ausverkauf: Ständig sollen wir zum Konsum neuer Dinge animiert werden. Und die Singlebörsen suggerieren uns, dass eine neue Liebe leicht zu finden sei. Aber der faszinierende Unbekannte mit dem Knackpo ist eine Illusion, das müssen wir uns klarmachen. Er hat ebensolche Herausforderungen zu meistern wie wir alle, und aus dem Mund riecht er auch, wenn er morgens aufwacht.

♥ Der Wert der Vertrautheit

Ich kann mich mit meiner Frau per Blickkontakt unterhalten, wir haben uns in all den Jahren ein gegenseitiges Vertrauen aufgebaut, das durch nichts zu erschüttern ist. Ich weiß, was sie am liebsten mag, und sie, worauf ich stehe. Das ist ein Wert, der nicht zu unterschätzen ist. Zumal sich Menschen, die in erfüllten Beziehungen leben, auch in anderen Bereichen besser ausleben können. Sie sind nämlich nicht ständig auf die Partnersuche fokussiert.

♥ Den Wert der Beziehung selbst bestimmen

Vergleichen macht Menschen unglücklich, und doch tun wir es ständig. Schon wenn wir uns bei Facebook oder Instagram einloggen, vergleichen wir uns. Den Wert einer Beziehung können wir aber nur mit uns selbst ausmachen. Und das geht nur über die Beantwortung der Frage: Bin ich glücklich? Bin ich zufrieden mit dem, was ich habe? Das schützt auch vor »Angriffen von außen«.

Übungen

Positiv-Liste

Mach dir klar, was deine Beziehung für einen Wert hat – mit einer Positiv-Liste: Was schätzt du alles an deinem Partner? Was läuft gut? Wo seid ihr zusammen stark? Das ist ein Präventionsprogramm für »Angriffe« von außen, also Versuchungen, denen du durch andere Menschen ausgesetzt bist. Diese Liste, aus dem Schreibtisch geholt, hilft auch, wenn es mal nicht so gut läuft.

Ein zweiter Start in den Tag

Überleg mal, was es bewirken kann, wenn du dich nach der Arbeit für deinen Partner noch mal frisch machst! Zehn Minuten im Bad, und du startest noch mal »neu« in den Tag und bringst deinem Partner so Wertschätzung entgegen. Cool ist es, wenn du ihm davon nichts sagst – und einfach machst. Mal sehen, wann er oder sie eine Veränderung bemerkt. Und dich drauf anspricht. Oder sogar selbst zur Tat schreitet und sich für dich frisch macht.

Such dir einen Coach

Hast du Lust, deine Beziehung aufs nächste Level zu heben? Dann such dir doch einen Ehecoach. Das ist nicht sehr weit verbreitet in Deutschland, hilft aber extrem weiter. Gerade in guten Zeiten kann eine Beratung noch mal sehr viel bewirken. Einen Personal Trainer suchst du dir im Sport ja auch, wenn du Topleistungen bringen willst – oder wenn der Bauch endlich weg soll. Egal, aus welcher Ecke du kommst: Eine Beratung durch Dritte schadet nicht. Im Gegenteil.

Du sollst nicht töten

Ich weiß, der Titel des letzten Liebesgeheimnisses klingt krass. In diesem Buch geht es ja um moderne »Gebote« beziehungsweise Geheimnisse der Liebe. Und dann kommt eins, das so heißt wie eins der krassesten aus der Bibel: »Du sollst nicht töten«? Genau. Ganz zum Schluss wird es noch mal martialisch. Aber was gilt es hier überhaupt, am Leben zu halten? Wen oder was sollen wir nicht umbringen? Auf jeden Fall nicht diejenigen, die uns nicht wohlgesinnt sind. Nein, mit »Du sollst nicht töten« meine ich im Jahr 2020: Begrabe nicht deine Träume. Töte nicht deine Ideen vom Leben, die du mal hattest und die du vielleicht vergessen hast, als du erwachsen wurdest. Das letzte Kapitel ist ein Plädoyer für das Leben, für die Träume. Für die Fantasie und das Verrückte. Das solltest du dir in dein Leben (zurück-)holen, und auch deinem Partner solltest du gönnen, das auszuleben, was er sich wünscht. Hilf ihm dabei, seine Visionen wiederzuentdecken, seine alten Vorstellungen und das, wofür sein Herz brennt, in die Tat umzusetzen.

In meinen Beratungsgesprächen frage ich Paare hin und wieder, ob sie mir die drei größten Träume ihres Partners verraten können, die noch nicht umgesetzt sind, oder ob sie mir sagen wollen, was ihr Liebster gern noch mal erleben würde. Da kommt dann oft ein großes »Uff«. Sie wissen es nicht. Wenn ich dagegen die drei größten Herausforderungen ihres Alltags wissen will, ist die Beantwortung kein Problem. Zu viel Arbeit. Stress wegen der Kinder und der Organisation der vielen Dinge, die erledigt werden wollen. Der Haushalt. Immer wieder stelle ich fest: Die meisten Menschen legen den Fokus in ihrem Leben nicht auf ihre Träume. Weder auf die eigenen noch auf die des Partners. Viel zu sehr kümmern wir uns um das »operative Geschäft«. Um wirklich weiterzukommen, müssen wir aber denken wie der Boss einer Firma: Wo wollen wir hin? Was haben wir noch nicht getan? Wo ist der große Plan in meinem Leben, wo liegen meine Sehnsüchte – und wie kann ich sie mir erfüllen?

Bis zum Alter von ungefähr zehn Jahren glauben wir noch, wir können alles werden und alles schaffen. Polizist, Professor, Schlossherr? Alles ist möglich, kein Problem. Kleine Mädchen streben oft soziale Berufe an, Jungs träumen von Jobs mit viel Action. Geld interessiert sie dabei nicht, für die Kinder steht der Spaß an der Sache im Vordergrund.

Grenzen werden den Träumen der Kinder häufig gesetzt durch das Umfeld, in dem sie leben. Hört ein Kind: »Professor kann nur werden, wer aus einer Akademikerfamilie kommt, die anderen haben kaum eine Chance«, verankert es unter Umständen, dass eine Karriere an der Uni eventuell doch nichts für es ist. »Ich möchte später auch Porsche fahren wie der Papa von meinem Freund«, könnte als Reaktion eines Erwachsenen hervorrufen: »Einen Porsche können sich nur Reiche leisten, und die achten nicht auf ihre Mitmenschen.« Ganz klar, dass das Kind seinen Traum vom Sportwagen erst mal hintanstellt. Er ist für es nun negativ besetzt. Aber der Wunsch, einen Porsche zu fahren oder Professor zu werden, lebt trotzdem in ihm weiter, er wird nur in der Zukunft unter Umständen unterdrückt – als Folge von Äußerungen durch andere Menschen.

Das richtige Umfeld für Träume

Seine Träume zu leben, an sie zu glauben und im besten Fall auch umzusetzen, dazu gehört nicht nur in der Kindheit, sondern auch im Erwachsenenalter das richtige Umfeld. Als Partner sind wir unseren Liebsten zur Seite gestellt, was bedeutet: Wir sind mit dafür verantwortlich, dass sie ihre Träume leben können. Dazu muss man den Partner natürlich als Erstes fragen, welche das überhaupt sind (dass das nötig ist, zeigt meine eingangs erwähnte Erfahrung), und dann in zweiter Instanz unterstützend für ihn da sein. Ihn ermutigen, so wie ich es im Kapitel »Mach deinen Partner groß« beschrieben habe.

Es geht aber auch noch um etwas anderes. Nämlich darum, die Träume des anderen nicht durch Sprache und negative Äußerungen zu verhindern, was leider öfter passiert, als wir denken.

Antonia will schon immer unbedingt reiten lernen, schon als Kind haben sie Pferde interessiert, sie spürt eine innere Verbindung zu ihnen. Pilates muss sie wegen Rückenproblemen aufgeben, und sie sucht nach einer neuen Herausforderung. Sie erzählt ihrem Partner Janis davon. Der ist dagegen und tritt zunächst als Bedenkenträger auf: »Was ist mit dem Verletzungsrisiko?«, fragt er, und Antonia fängt tatsächlich an zu zweifeln. Sie hat von Unfällen mit Pferden gehört, und sie hat ja auch eine Verantwortung für ihren gemeinsamen Sohn. Außerdem wendet ihr Partner ein, dass der Unterhalt für ein Pferd unter Umständen ihr Budget sprengen könnte. Antonias Zweifel wachsen. Und es stimmt ja auch: Ein Pferd wäre wirklich sehr teuer: Stallgebühren, Futter, der Tierarzt, neue Hufeisen, die Liste scheint kein Ende zu nehmen. Sie fängt an, laut darüber nachzudenken, sich ein Pferd mit jemand anderem finanziell zu teilen oder das Pferd eines anderen Besitzers zu reiten. Da sagt Janis: »Selbst wenn wir das finanziell hinkriegen würden: Du hast noch nie etwas lange durchgehalten, und für so ein Pferd müsste man sich schon auf einen langen Zeitraum festlegen.«

»Du hast noch nie etwas lange durchgehalten.« Worte wie diese sind ein Angriff auf die Persönlichkeit, eine geballte Ladung Munition, die auf den Traum einer Person abgefeuert werden. Selbst wenn Janis es in dem Moment vielleicht nicht so gemeint hat: Mit der Wahl seiner Worte muss man, gerade wenn es um Sehnsüchte und Wünsche geht, sehr aufpassen. Sie wollen wohl überlegt sein. Denn je besser ich meinen Partner kenne, umso genauer weiß ich, wie ich ihn unter Umständen zum Umkehren animieren kann. Das kann manchmal sinnvoll sein (bei einem neuen Auto, dessen Anschaffung nicht nötig ist), aber bei Träumen ist bremsen nicht angebracht.

Im Gegenteil: Für die ganze Beziehung können falsche Bedenken sehr gefährlich sein. Denn Träume sind tief in der Seele verankert, und sie möchten gelebt werden. Das habe ich im Kapitel »Offenbare deine dunklen Seiten« beschrieben, das gilt aber nicht nur für sexuelle Fantasien, sondern auch für alle anderen. Wer seinem Partner nicht von seinem Traum erzählen kann, weil er denkt, dafür verurteilt, ausgelacht oder persönlich angegriffen zu werden, der lebt seine Wünsche vielleicht irgendwann mal woanders aus, wo er sich besser aufgehoben fühlt – bei einem anderen Mann oder einer anderen Frau.

Die Partnerschaft sollte der Ort sein, wo Raum für Träume entsteht, die ohne Wertung angehört und gelebt werden können. Denn die Wertung und die Verurteilung durch andere (»Das wird ja doch nichts, du Träumerle«) ist ja oft der Grund, warum wir nicht zum Zug kommen. Und genau diese Bedenken haben in einer Partnerschaft nichts verloren.

Wir müssen deshalb aufpassen, wem wir von unseren Träumen erzählen. In Antonias Fall war es sogar falsch, ihrem Partner ihr Innerstes anzuvertrauen. Wenn das so ist, ist es unter Umständen an der Zeit, über den Sinn dieser Partnerschaft nachzudenken. In einer intakten Beziehung wäre das so nicht vorgekommen. Aber vor allem außerhalb unseres geschützten Umfeldes müssen wir leider erkennen, dass es häufig so ist, dass Menschen anderen nicht wohlgesinnt sind. Wer von einem tiefen Wunsch erzählt bekommt, wird nämlich auf seine eigenen Träume zurückgeworfen, die vielleicht nicht erfüllt wurden. Und Menschen haben leider die unangenehme Angewohnheit, wenn sie selbst etwas nicht haben verwirklichen können, es anderen auch nicht zu gönnen.

Deshalb erzähle nur wenigen, denen du vertraust, von dem, was in deinem Herzen ist. Denn Träume sind intim, sie machen dich angreifbar und verletzlich, was grundsätzlich okay ist, aber auch an die richtigen Stellen gelenkt werden muss, damit die Träume den Raum bekommen, ausgelebt und nicht im Keim erstickt zu werden.

Lebe in deinen Talenten und Gaben

Ich bin überzeugt davon, dass in jeden Menschen Gaben und Talente hineingelegt wurden. Unsere Aufgabe ist es nur noch herauszufinden, welche das sind. Das ist ein natürlicher Prozess, viele Menschen haben aber nicht das Glück oder den Mut, ihren Träumen und Gaben nachzugehen. Einige wurden durch Äußerungen im Kindesalter »ermordet« (»Die Menschen auf deinen Bildern haben ja überhaupt keine Proportionen!«), andere finden ihre Gaben erst spät. Ich selbst habe ja wie berichtet schon als Kind darauf gehofft, von Gott zu erzählen. Mich strengt es auch nicht an, vor vielen Menschen das Wort zu ergreifen. Im Gegenteil, ich ziehe sogar noch positive Energie daraus, das könnte ich den ganzen Tag machen und abends erfrischt nach einem tollen Tag ins Bett gehen. Meine Frau ist da ganz anders. Viele Menschen strengen sie an, sie führt lieber Einzelgespräche und zieht daraus positive Kraft. So muss jeder für sich entdecken, was für ihn gut ist, und sich auch so ausrichten, da sonst die negativen Aspekte überhand nehmen können und dir positive Kräfte fehlen, die dir Energie geben für ein großes Leben.

Doris arbeitet als Sachbearbeiterin in einem Finanzamt in einer Kleinstadt, und sie findet die Arbeit ermüdend. Als Jugendliche hat sie Gedichte und Kurzgeschichten geschrieben und davon geträumt, einmal Schriftstellerin zu werden. Sie hat sich auch mal an der Universität Leipzig für den Studiengang Literarisches Schreiben beworben, ist aber nicht genommen worden. In der Folge hat sie ihren Traum aufgegeben und angefangen, in der Behörde zu arbeiten. Inzwischen hat sie zwei Kinder, ist alleinerziehend und findet, der Zug für eine Schriftstellerkarriere sei abgefahren.

Doris will Autorin sein, arbeitet aber nicht in einem kreativen Beruf. Weshalb ihr ein positiver Kick und gute Energie fehlt. Sie ist oft melancholisch und empfindet das Leben eher als eine Last. Außerdem traut sie sich selbst immer weniger zu, was zur Folge hat, dass ihr Selbstwert sinkt. Das Problem von Doris ist aber noch ein anderes: Die Ablehnung der Universität nimmt sie persönlich. Sie sieht es als Beleg dafür, dass sie einfach keine Schriftstellerin war, dass sie schlichtweg nicht gut genug war, das Schreiben zu ihrem Beruf zu machen.

Und das ist leider etwas, das häufig passiert: Wir nehmen ein situatives Nein – die Universität hat ja nur in diesem Semester keinen Platz für sie, zur Qualität steht in dem Schreiben kein Wort – und machen daraus ein generelles Nein. Doris nimmt wegen einer einzigen Absage für sich an: »Ich kann nicht schreiben, deshalb nehmen sie mich nicht.« Die Ablehnung macht sie klein, weshalb Doris danach auch nicht mehr versucht, auf eine andere Hochschule zu kommen oder ein ähnliches Studienfach, etwa Publizistik, zu belegen, sondern einfach fortan denkt, sie sei nicht gut genug.

Vielleicht haben andere Bewerber in diesem Jahr einfach mehr Glück oder mit ihren Texten mehr den Geschmack der Jury getroffen. Das muss nichts bedeuten: Joanne K. Rowling wurde von x Verlagen abgelehnt, als sie mit dem Manuskript von *Harry Potter* dort vorstellig wurde, bevor ein Verlag eine sehr kleine Auflage druckte. Es gibt so viele Möglichkeiten, warum etwas gerade vielleicht nicht klappt. In den seltensten Fällen ist es etwas Persönliches, wir Menschen haben nur die Neigung dazu, Absagen persönlich zu nehmen und sie auf uns selbst zu beziehen. Und was machen die Menschen, die das erste Manuskript von *Harry Potter* lasen und ablehnten? Wahrscheinlich beißen sie sich auch heute noch in den Hintern. Jeden Tag.

Ziele nicht zu hochstecken

Deine Träume wiederbeleben kannst du jederzeit. Denn, um bei dem Beispiel von Doris zu bleiben: Natürlich kann eine Finanzbeamtin auch Schriftstellerin sein – Joanne K. Rowling war Sozialhilfeempfängerin, als sie *Harry Potter* schuf. Es muss ja nicht gleich ein Welterfolg wie die Geschichte um den Zauberschüler sein. Es reichen erst mal kleine Schritte, die uns unserem Erfolg viel näher bringen. Denn gleich den großen Wurf landen zu wollen, wenn es erst mal nur darum geht, seine Träume zum Leben zu erwecken, ist auch eher kontraproduktiv. Der Grund ist simpel: Die Gefahr ist einfach zu groß, von sich selbst enttäuscht zu werden.

Enttäuschung ist ein gutes Stichwort, auf das ich noch kurz eingehen will. Die Vorsilbe »Ent« drückt ja ein Wegnehmen aus (wir hatten das schon im Liebesgeheimnis 6, »Ordne den Rucksack deines Lebens« beim Wort »Entschuldung«). Bei einer Ent-Täuschung wird die Täuschung weggenommen, ergo bist du vorher einer Illusion erlegen. Wenn du dir also zu viel vornimmst, täuschst du dich selbst. Wenn dein Vorhaben nicht klappt, wirst du enttäuscht – und glaubst, du kannst es nicht. Was nicht stimmen muss. Du hast dir nur das Ziel zu hochgesteckt und zu viel vorgenommen. Das ist die Ent-Täuschung.

Deshalb ist es wichtig, einer Ent-Täuschung vorzubeugen und die Ziele nicht zu hochzustecken: Ein Schriftsteller auf dem Weg zum ersten Buch könnte ja erst mal mit einer Kurzgeschichte anfangen oder mit einem Probetext für eine lokale Zeitung, den er oder sie »for free« anbietet. Dort sind die Macher vielleicht dankbar für einen Beitrag, den sie nicht bezahlen müssen – geschrieben von jemandem mit Leidenschaft. Ein eigenes Weblog zu starten wäre eine Möglichkeit für alle, die ein Thema haben, für das sie brennen, und hätte den charmanten Nebeneffekt, dass sie am Schreiben immer dranbleiben und sich allein durch das Tun stetig verbessern.

Ein verhinderter Schauspieler, der in der Schule die ganze Aula für sich einnehmen konnte, aber heute in einem anderen Bereich beruflich tätig ist, setzt sich vielleicht vor den Rechner und guckt nach einer Laienspielgruppe in seinem Viertel oder in örtlicher Nähe, wenn er eher im ländlichen Raum wohnt. Wichtig ist nur: Wer einmal den Entschluss gefasst hat, sich auszuprobieren, sollte schnell anfangen (sonst verpufft die Power des Einfalls, und Angst und Zweifel gewinnen die Oberhand). Er sollte sich dann nicht entmutigen lassen, wenn er nicht gleich den Zuspruch bekommt, den er sich so wünscht und braucht. Bei einer Ablehnung (soll ja vorkommen, vielleicht ist die Gruppe gerade voll) gibt's dann nur zwei Möglichkeiten: Entweder ich gebe meinen Traum ein zweites Mal auf und denke: »Ich habe drei Gruppen angerufen, und keine will mich, es soll wohl nicht sein.«

Oder ich rufe noch fünf weitere Ensembles an und gucke, ob da nicht doch ein Plätzchen zu finden ist.

Ein Rockstar, der keiner geworden ist, aber in einer Schülerband gespielt hat, guckt online in die Kleinanzeigen, ob vielleicht ein Gitarrist oder ein Sänger gesucht wird. Oder besucht ein Seminar für Songtexter. Dort kann man mit anderen zusammen lernen, wie ein guter Text für ein Lied entsteht. Nebenbei lernt er da auch noch nette Menschen mit der gleichen Leidenschaft kennen. So macht man kleine Schritte hin auf ein großes Ziel. Das ist wunderbar.

Ich selbst wurde übrigens mal bitter von mir selbst enttäuscht (im Wortsinn), weil ich einem Traum nachging, den ich früher mal hatte (was aber nichts daran ändert, dass es trotzdem richtig ist, Träume zu verfolgen). Ich war als Jugendlicher ein guter Judoka, ich bin Träger des blauen Gurtes. Nach zehn Jahren Pause rief ich in einem Studio an, ich wollte mich mal wieder ausprobieren. Der Trainer war begeistert und lud mich ein. In der Halle allerdings wurde mir meine eigene Täuschung bewusst, der ich aufgesessen war. Einer nach dem anderen legte mich auf die Matte. Mein Bild von mir war einfach bei meinem Leistungsstand von damals stehen geblieben. Ich wurde ent-täuscht. Und war enttäuscht. Manchmal ist das Bild von einem Traum so verzerrt und so groß, dass die Schatten, die er wirft, die Realität einfach überstrahlen. Das passiert uns ja auch in der Liebe manchmal, dass wir eher ein Bild von jemandem haben, und wenn wir den Menschen dann in Wirklichkeit kennenlernen, merken wir: Oh, der ist ja gar nicht so, wie ich dachte. So ist es manchmal auch mit Träumen.

Träume umwandeln und nach vorn gehen

Das Bild von mir als Judoka hatte sich erledigt, in dem Moment, als ich in der Halle miterlebte, wie viel Zeit doch vergangen war und wie weit die Wirklichkeit von meiner Vorstellung entfernt lag. Es gibt aber auch Träume, die man nicht begraben muss, sondern die sich wandeln. Sich an dieses Thema zu wagen kann große Erkenntnisse bringen.

Als Kind hatte ich mir vorgestellt, ich würde Bundeskanzler werden. Liebe Leser, Hände hoch, wer das auch von sich dachte?! Ich auf jeden Fall glaubte es, ich war einfach der Ansicht, ich würde das gut hinbekommen und hätte die Skills, um einen hervorragenden Job zu machen: Ich bin kommunikativ, ich mache gern etwas Neues, ich habe viele Ideen, die ich umzusetzen versuche. Ich bin sogar in einer Partei aktiv, aber je mehr ich ins politische Geschäft eintauche, umso mehr merke ich, wie zäh das ist. Wie ermüdend. Ich stelle mir mehr und mehr die Frage, wie viel Zeit ich in wie vielen Ausschüssen investieren müsste, um irgendwann endlich Bundeskanzler zu sein (wenn ich noch mal kurz bei meinem Traum bleiben darf). Früher dachte ich zudem, wenn ich Kanzler wäre, dann wäre ich auch der Chef in dem Laden und könnte meine Ideen umsetzen. Und schon jetzt merke ich: Ich bin dann gar nicht Chef, sondern nur der Vorsitzende einer Runde, die selbst Experten braucht, um sich fachlich zu informieren. Und meine Ideen umsetzen, wie man das Land besser und menschlicher machen kann, ist auch nicht richtig möglich.

Deshalb habe ich mir die Frage gestellt, was mich denn so reizt am Bundeskanzlerdasein – und meinen Traum umgewandelt. Denn was impliziere ich mit diesem Traum? Die ehrliche Beantwortung dieser Frage führt nämlich manchmal viel weiter als die eigentliche Vision, die ja wie gesagt ein Traum ist. Was bei mir wirklich der Fall ist: Ich sehne mich nach Umsetzung von Pionierideen. Ich sehne mich danach, die Welt positiv zu beeinflussen, und danach, meine Gaben einzusetzen, damit andere ein schöneres Leben haben. Das sind ja alles gute Ziele! Die Frage ist aber dann tatsächlich, ob der Berufswunsch Bundeskanzler wirklich das Ziel ist, mit dem ich das am besten erreichen kann. Könnte ich die Zeit, die ich aufwenden müsste, um auch nur in die Nähe der Macht zu kommen – am Supermarkt stehen und Flyer verteilen, viele Stunden in Sitzungen verbringen, mich mit der AfD rumschlagen –, nicht auch anders investieren und zum Beispiel ein Buch über die Liebe schreiben, das dann wiederum Menschen hilft, in ihren Gaben zu leben und ihre Partner groß zu machen? Wie du siehst: Ich hab mich für das Buch entschieden.

So wie ich kannst auch du deine Wünsche überprüfen und gucken, ob sie noch zu deinem heutigen Ich und dem, was du dir vorstellst, passen. Vielleicht denkst du ja nur, weil es in der Vergangenheit mal so war, dass du immer noch Schauspieler werden willst oder wenigstens ein guter Mime wärst. Dabei ist es die ungeteilte Aufmerksamkeit, die du liebst, oder das Schlüpfen in verschiedene Rollen. Die Aufmerksamkeit könntest du dir auch mit einem Nebenjob in einer angesagten Bar (jeder im Viertel kennt dich) holen, und für verschiedene Rollen wäre eventuell das Bett interessant. Vielleicht wäre ein Amt als Elternvertreter in der Grundschule deines Kindes passend, wenn du mal wie ich den Traum hattest, in die Politik zu gehen. An einer Grundschule kannst du unter Umständen viel mehr bewegen als im Stadtrat. Oder, oder, oder. Es geht am Ende darum, in seinen Gaben zu leben. Die Berufe sind letztlich nur das Trägermaterial für das, was dich ausmacht. Es lohnt auf jeden Fall, darüber nachzudenken. Am besten zusammen mit deinem Partner, weil der noch mal einen anderen Blick auf dich hat und vielleicht sogar besser einschätzen kann, was du mal versuchen solltest.

Schaffe Platz für deine Träume und lebe los

Träume können sich nur in Ruhephasen entwickeln. Ideen brauchen Raum, und solange wir zu eng getaktet, überausgelastet sind und jede Minute verplanen, ist es schwierig, welche aufzubauen. Kreativität ist ein Wollknäuel, das ausgeworfen wird. Mal sehen, wo es hinrollt, das ist die spannende Frage.

Ich habe neulich einem Mitglied aus meiner Kirche eine Mail geschrieben und darum gebeten, etwas für den Gottesdienst zu organisieren. Ich sagte ihm, was noch alles vorzubereiten sei, es handelte sich dabei alles in allem vielleicht um zwei Stunden »Arbeit«. Seine Antwort war, ihm sei das zu viel. Er wisse nicht, wie er das alles noch machen solle neben seinem Job. Er sei ja ehrenamtlich tätig. In derselben Woche hatte ich etwas Ähnliches schon von jemand anderem gehört. Ich fand das merkwürdig und fragte die beiden, was ihr Fass so voll mache, dass zwei Stunden Tätigkeit zu viel seien. Denn mal im Ernst: Hier geht es ja nicht um die zwei Stunden Arbeit. Das, was vorher schon da ist, das ist zu viel.

Ich höre immer wieder, dass die Menschen keine Zeit mehr haben. Nicht nur im Kirchenkontext. Auch auf Elternversammlungen. Ich sehe, wie die Köpfe nach unten gehen, wenn es darum geht, einen Elternvertreter zu wählen. Keiner reißt sich um so ein Amt. Nicht unbedingt, weil sie nicht wollen oder Engagement verweigern. Die Menschen sagen mir, sie seien einfach bis zur Oberkante dicht, sie schafften es gerade mal, sich um das zu kümmern, was sie unbedingt müssen. Immer mehr sind alleinerziehend. Da sind Träume dann Luxus.

Aber wie wäre es denn – nur mal so vor mich hin geträumt –, wenn wir nicht nur an den Symptomen rumdoktern würden, nicht nur das machen, was wir unbedingt machen müssen, sondern wenn da Raum wäre? Raum für Gedanken. Raum für Zweisamkeit. Raum für einen Ausflug, auf dem wir mal die Seele baumeln lassen und darüber sprechen könnten, was uns wichtig ist. Wenn wir nicht noch das letzte bisschen, das uns Kraft gibt, über Bord schmeißen, um das tun zu können, wofür wir Geld bekommen, damit wir uns »etwas leisten« können? Dann hätten wir als Ergebnis: Zeit. Zum Beispiel dafür, unseren Partner und uns selbst groß zu machen. Und große Ideen zu entwickeln – allein und zu zweit –, die wir Lust haben anzupacken, und nach vorn zu gehen.

Ein paar dieser Ideen habe ich in diesem Buch beschrieben. Ich bin vorangegangen und habe nicht nur gedacht, dass diese Ideen uns weiterbringen könnten, sondern auch gemacht! Geschrieben! Hat nicht immer Spaß gemacht, war auch mal anstrengend, aber für das Ergebnis hat es sich gelohnt. Jetzt bist du dran. Denn mein Ziel und mein Wunsch ist es, dass du ein großes Leben hast, in dem du deine Träume zusammen mit deinem Partner verwirklichst. Deswegen habe ich die große Bitte, dieses Buch nicht nur zu lesen und gleich, weil es ja gleich zu Ende ist, ins Regal zu stellen oder weiterzuverschenken. Sondern es in Sichtweite liegen zu lassen und es als Erinnerungsstütze zu benutzen. Als Erinnerung daran, die Dinge umzusetzen für eine tolle Partnerschaft! Das wird auch nicht immer leicht sein. Das wird auch mal anstrengend. Aber ich wünsche mir, dass du und dein Partner die Liebessprachen des anderen sprecht, dass ihr eure dunklen Seiten angeht, Platz schafft für Träume und für alles, worauf ihr Lust habt. Und ich würde es lieben, wenn ihr euch umeinander kümmert. Denn ich bin der festen Überzeugung: Wir sind nicht für uns selbst hier, sondern für die anderen.

Ich selbst habe mein Leben irgendwann der großen Idee verschrieben, mich einzusetzen für andere, dafür, dass deren Leben groß wird. Was passiert ist? Mein Leben wurde dadurch auch viel größer und schöner, als ich es mir hätte träumen lassen und als es jemals zuvor war.

Ich hatte früher zwar mehr Geld auf dem Konto. Aber reicher bin ich jetzt.

Liebesgeheimnis 10
auf einen Blick

»Du sollst nicht töten«, das bedeutet für mich heute: Töte nicht deine Träume, lebe in deinen Gaben. Bis zum Alter von etwa zehn glauben wir noch, wir könnten alles schaffen. Dann setzt der Realismus ein, und unser Umfeld reagiert oft negativ. Später trauen wir uns dann nicht mehr, Träume aus der Vergangenheit wieder hochzuholen, oder wir haben durch die vielen Aufgaben, die wir erledigen müssen, schlicht keine Zeit mehr, sie zu verfolgen. Wo liegen deine Träume aus der Kindheit? Welche sind die deines Partners? Findet es (noch mal) heraus!

♥ Das richtige Umfeld für Träume
Das Umfeld, in dem Träume aufblühen können, ist von entscheidender Bedeutung. Als Kinder schon werden wir oft in unserer Vorstellungskraft begrenzt: »Du willst Professor werden? Das geht nur in Akademikerfamilien.« – »Du willst ein Erfinder sein später? Das wird ja doch nichts.«

Auch Erwachsene brauchen einen schutzfreien Raum für ihre Träume. Deshalb ist es als Partner wichtig, auf seine Wortwahl zu achten, wenn man von ihnen erzählt bekommt, und zu ermutigen, Träume wollen gelebt sein. Als aktive Träumer (die wir ja alle sind) wiederum ist es wichtig darauf zu achten, wem wir von unseren Wünschen erzählen. Vielerorts herrschen Neid und Missgunst.

♥ Ziele nicht zu hochstecken

Wer seinen Traum, den er als Kind hatte, im Hier und Jetzt wiederbeleben will, muss neben den richtigen Menschen, denen er davon erzählt, vor allem beachten, seine Ziele nicht zu hochzustecken. Sonst wird man zu schnell von sich selbst enttäuscht. Wer zum Beispiel immer schon mal ein Buch schreiben wollte, fängt mit einer Kurzgeschichte an, wer Schauspieler werden will und auf den Brettern stehen möchte, die die Welt bedeuten, startet in einer Laienspielgruppe. Nach und nach schleicht sich auf diese Weise der Traum in die Realität und du fängst an, mehr in deinen Gaben zu leben.

♥ Träume umwandeln und nach vorn gehen

Es muss nicht sein, dass dein ursprünglicher Traum oder der, von dem du denkst, dass er es ist, ausgelebt wird. Es kann auch sein, dass der Wunsch nur für eine Gabe steht, die in dir steckt. Wenn der Traum vielleicht mal war, Politiker zu werden, kann es sein, dass es dich einfach reizt zu gestalten, und das kannst du woanders vielleicht viel besser umsetzen als in der Politik. Die Aufgabe ist, dich zu fragen, warum du einen bestimmten Traum hast und wie du das, was eigentlich dahintersteckt, verwirklichen kannst.

Übungen

Ein traumhafter Abend

Wie wäre es mal mit einem traumhaften Abend – im wahrsten Sinne des Wortes? Redet über eure Träume, die ihr als Kinder hattet, was sie im Heute möglicherweise bedeuten und wie sie vielleicht heute noch verwirklicht werden könnten, vielleicht ja auch auf eine andere Weise als ursprünglich gedacht. Nicht verzweifeln, wenn es etwas länger dauert, sie rauszukramen. Bei vielen Menschen sind sie einfach verschüttet aufgrund zu vieler »Pflichten«. Dann helfen Fragen weiter wie: Was hast du früher gern gemacht? Wie warst du als Kind? Was hat dich als Jugendlicher ausgemacht? Tastet euch ran. Es macht Spaß!

Zu Träumen ermutigen

Diese Übung baut auf der ersten auf. Wenn ihr voneinander wisst, wovon ihr geträumt habt und wie ihr den Traum im Jetzt entwickeln könnt, gilt es in der Folge, sich zusammenzureißen und zu ermutigen, statt kleinzureden: Wenn drei Wochen nach dem Abend noch nichts passiert ist, sollte es nicht heißen: »Hab ich's doch gewusst: Das wird nichts. Du hast einfach zu viel um die Ohren«, sondern: »Wir haben doch neulich über deinen Traum gesprochen. Wie kann ich dir helfen, ihn umzusetzen?«

Talent und Tätigkeit in Einklang bringen

Um ein großes Leben zu leben und Träumen auf die Spur zu kommen, ist es wichtig zu wissen, in welchen Gaben man lebt und welche Talente man mitbekommen hat. Was sind deine? Und was könntest du aus diesen Talenten und Gaben noch entwickeln? Schreibe auf, welche positiven Fähigkeiten du hast, und finde raus, ob sie mit dem, was du tust, im Einklang stehen. Nimm dir Zeit für alles. Ich wünsche dir, dass du mutig nach vorn gehst und genau das Leben lebst, das du dir für dich wünschst.

Das Beste kommt zum Schluss

Wer sich im Fitnessstudio anmeldet, hat für sich erkannt, dass er etwas tun muss. Und etwas verändern möchte. Aber die körperliche Fitness ändert sich dadurch erst mal nicht. Die erreicht man nur, indem man etwas tut. Und zwar auf die richtige Art und Weise. Wer nur ins Studio geht und unkoordiniert an irgendwelchen Geräten hantiert, der riskiert unter Umständen sogar eine Verletzung – und erreicht das Gegenteil von dem, was er eigentlich wollte. Es braucht deshalb einen Trainingsplan, um einen positiven Effekt sichtbar zu machen.

Als ich im Fitnessstudio anfing, wurde ich gefragt: Wie oft kannst du trainieren? Das kann man auf die Liebe übertragen: Wie viel Zeit möchtest du in deine Beziehung investieren? Stell dir vor, du setzt dich nur eine halbe Stunde die Woche hin und denkst darüber nach, was du für deine Partnerschaft tun kannst – wie sehr würde dich das nach vorn bringen!

Am Ende ist entscheidend: Was willst du? Und wie viel willst du? Danach bemisst sich, wie oft du in dein Beziehungsfitnessstudio gehst. Dass du dieses Buch gelesen hast (sonst wärst du nicht auf der letzten Seite angekommen), ist ein guter Anfang! Und nun geht es weiter. Schritt für Schritt. Machen ist das neue Wollen. Los geht's: Fang an!

Register